D1388374

Chaque jour est un adieu

Du même auteur

D'amour et de nuit
Éditions de la Grisière, 1971

Les Chemins de Bob Dylan
Éditions de l'Épi, 1971

Aube-Mer
Éditions Saint-Germain-des-Prés, 1973

Montand
Éditions Henri Veyrier, 1977

Mon œil. Chroniques cyclothymiques
d'un zappeur professionnel
Éditions Syros Alternatives, 1989

Les Mémoires de Mon œil
Éditions du Seuil, 1993

Je ne vous ai pas interrompu !
Éditions du Seuil, 1994

Les Images
Éditions du Seuil, 1997

Alain Rémond

Chaque jour
est un adieu

récit

Éditions du Seuil
27, rue Jacob, Paris VIe

Ce livre est édité par Hervé Hamon.

ISBN 2-02-038974-6

Sinon l'enfance, qu'y avait-il alors qu'il n'y a plus ?
Saint-John Perse, *Éloges*

Pour vous, ceux de la tribu,
les frères et les sœurs, à qui je dois tant…

Hier soir, Yves m'a dit qu'il était passé devant la maison, à Trans. Il m'a demandé si je savais qui y habitait, maintenant. Je n'en ai pas la moindre idée. Je ne sais même plus quand est-ce qu'elle a été vendue, la maison. Peu de temps après la mort de ma mère, sans doute. Je n'avais pas voulu m'en occuper. Je m'étais bouché les yeux et les oreilles. Faites ce que vous voulez, vendez-la, ça m'est égal, je ne veux pas le savoir, ça ne m'intéresse pas. Pour ce qu'elle vaut, cette maison. Encastrée entre deux rues. Coincée entre deux autres maisons. Le terrain? Une petite cour, de l'autre côté de la rue. Une maison qui tenait par les papiers peints, tellement elle était mal foutue. Les pièces coupées et recoupées, pour faire des chambres. Pas de chauffage. Un étage. Une maison minable, voilà. Alors, vendez-la à qui vous voulez. Qu'est-ce que ça peut me faire?

Oui, c'est vrai, c'est ce que je me suis dit, à

l'époque. N'empêche qu'il a suffi qu'Yves m'en parle, hier soir, pour que je sursaute à cette seule idée : d'autres gens y habitent, dans notre maison. Et ça reste complètement insupportable. Combien de temps a-t-elle été à nous ? J'avais six ans quand on s'y est installés. J'en avais vingt-cinq à la mort de ma mère. Voilà : une vingtaine d'années. Et ça fait plus de vingt-cinq ans que ma mère est morte. Pourtant, je n'arriverai jamais à en parler autrement que de *notre* maison. Alors, dehors les intrus, les usurpateurs ! Tirez-vous ! Cette maison n'est pas à vous. C'est la nôtre. On y a vécu trop de choses, trop fortes, trop intenses. On y a été tellement heureux et parfois, aussi, si totalement désespérés, nous tous, les dix enfants. Et nos parents. J'habite loin de Trans, maintenant, depuis longtemps, loin de la maison, loin de tout ça. Mais il m'arrive de retourner en Bretagne, de passer par Trans, de m'y arrêter. De repasser devant la maison, en tremblant. D'avoir envie de jeter un œil par la fenêtre, mine de rien, pour voir ce que c'est devenu, à l'intérieur. Mais c'est comme si je me brûlais, en approchant de la fenêtre. Je ne peux pas regarder, c'est tout simplement impossible.

Yves, c'est mon plus vieil ami. On s'est connus en pension, j'avais dix ans et demi, j'entrais en sixième, il était en cinquième. Parfois on s'est perdus de vue, un an, deux ans. Mais on s'est toujours retrouvés. Finalement, il est revenu en Bretagne. Moi je suis resté à Paris. Je passe de moins en moins souvent à Trans, devant la maison. Alors, de temps en temps, je regarde de vieilles photos. Celle-ci, par exemple : ma mère avec deux de mes sœurs, dans la cuisine, devant la cheminée. Elles rient. C'est le soir, après le repas. Je regarde la photo et j'ai envie d'entrer dans la cuisine, de m'asseoir, de les écouter. Comment avons-nous pu être si heureux ? Je sais que les photos mentent, qu'on peut leur faire dire n'importe quoi. Un homme et une femme sourient à l'objectif et on s'invente, en les regardant, toute une histoire d'amour, de bonheur. Si ça se trouve, juste avant la photo, ils étaient en train de se chamailler. Si ça se trouve, ils se détestent, ils vont se séparer. Mais, pour la photo, ils sourient. Ils mentent. Comme la photo. Cette photo-là, celle de ma mère et mes deux sœurs dans la maison, à Trans, je sais qu'elle ne ment pas. Parce que j'ai vécu cet instant-là et tant d'autres semblables. C'est un bonheur qui me tue, que je ne peux pas regarder plus de quelques secondes. Alors, vite, je referme l'album. Et j'essaie, vite, de penser à autre chose. Parce que, en même temps que ce bonheur, il y a eu trop de malheur.

Mais avant de parler de la maison de Trans, il faut parler des autres. Celle de Mortain, d'abord, où je suis né. Trans, c'est en Bretagne, quelques centaines d'habitants, au-dessus de la baie du Mont-Saint-Michel. Mortain, c'est de l'autre côté, en Normandie. Mes parents, venant de Bretagne, s'y étaient installés, à la fin des années trente, parce que mon père, paysan, fils de paysans, y avait trouvé du travail : un emploi d'ouvrier agricole. Payé au lance-pierres. Corvéable à merci. Un jour, il en a eu assez de se faire exploiter et il est devenu cantonnier. Au moins, la paye assurée à la fin du mois. La maison de Mortain, aux Aubrils, très précisément, c'était une bicoque au milieu d'un champ, en lisière de forêt. Une seule et unique pièce, pour toute la famille. Dix, à l'époque : mes parents et huit enfants. Comment faisaient-ils pour se débrouiller ? Je n'en ai pas la moindre idée. Quand on l'a quittée, la maison de

Mortain, j'avais tout juste six mois. Je suis revenu la voir, après. Vraiment une bicoque. Aujourd'hui, il n'y a plus que le champ : la maison a été rasée. Il me reste une photo, une seule, prise de loin. Je la regarde et j'essaie d'imaginer ce qu'a été la vie quotidienne, pendant toutes ces années, les uns sur les autres. Je me suis fait raconter, par mes frères et sœurs. Ils m'ont dit des bribes, des lambeaux d'histoires.

Mais ce qu'ils avaient vraiment envie de raconter, c'était autre chose. La guerre. La véritable histoire de la famille à Mortain, c'est la guerre. Ces quelques semaines, entre juin et août 44, où tout a basculé. Et qui ont effacé, dans la mémoire familiale, des années de vie commune dans la petite bicoque. Le débarquement. L'arrivée des premiers parachutistes américains, surgissant de la forêt. La terrible contre-attaque allemande, les SS de la division Das Reich remontant d'Ouradour, repoussant les Américains. La bataille de Mortain, prise par les uns, reprise par les autres, se terminant dans les ruines, au corps à corps. Cette scène, surtout : la famille est dehors, dans le jardin, en train de manger. Des bombardiers surgissent dans le ciel, tout le monde regarde, nez en l'air. Soudain des bombes, tout autour, commencent à exploser, mes parents et mes frères et sœurs se précipitent vers la tranchée, derrière la maison. A ce moment précis, une bombe tombe dans le jardin, explose, ma mère est touchée de trois éclats. Mon père va chercher du secours à la ferme voisine, distante d'à peine deux cents mètres. Il est obligé de ramper, car aux bombardements ont succédé les tirs de mitrailleuse, la maison étant juste entre les lignes allemandes et américaines. Il met presque une heure à faire ces deux cents mètres, avant de frapper à la porte des voisins, qui, eux, sont persuadés que toute la famille est morte. Pendant ce temps, dans la précipitation, ma sœur Agnès, âgée de quelques mois, a été oubliée dans son landau, sous un arbre. Un éclat de bombe brise net une branche, juste au-dessus du landau, mais Agnès n'a rien. Miracle, dira la légende familiale. Quelques jours plus tard, les Américains frappent à la porte. Pour en finir, disent-ils, ils vont tout raser, pierre par pierre. Ils invitent la famille à partir, le plus vite possible, le plus loin possible. Et mes parents s'en vont, sur-le-champ, avec leurs six enfants, à pied, sur les routes de Normandie, poussant le landau, pour tenter de rejoindre la Bretagne. Mortain, c'est l'enfer. Mais sur la route, partout, c'est la guerre. A la moindre alerte, il faut se cacher dans les talus, attendre, le cœur battant. La blessure de ma mère s'infecte, elle est soignée par un médecin américain. Enfin, ils arrivent en Bretagne, à Combourg, dans la ferme de ma tante. C'est l'été, le mois de juillet. A la ferme, c'est le jour de la moisson. C'est la fête. La guerre est à des années-lumière. Mes parents, mes frères et sœurs, n'arrivent pas à raconter d'où ils viennent, ce qu'ils fuient, à quoi ils ont échappé.

La guerre finie, ils retournent à Mortain. Beaucoup de ceux qui n'ont pas voulu partir sont morts. La ville est presque totalement rasée. La bicoque, elle, est toujours debout, au milieu du champ. Ils s'y réinstallent. Mon frère Jacques y naîtra, un an plus tard. Et moi, l'année d'après.

Telle est l'histoire de Mortain, dans la légende familiale. Quelques semaines de cauchemar, un vrai miracle d'y avoir survécu. Mais, après coup, au fil des années, des récits successifs, quel fabuleux western ! Nous, les plus jeunes, on ne se lassait pas de se faire raconter l'épopée, on était jaloux de ne pas l'avoir vécue. C'est devenu, entre nous, une véritable obsession, comme si tout venait de là, ce qui nous unissait, nous, la famille. Quand, des années plus tard, on retournait à Mortain, c'était pour nous faire raconter, sur les lieux mêmes, dans la forêt, tous les détails de l'aventure, les combats, les obus, les soldats. Ma mère avait ramené des douilles d'obus et des balles de mitrailleuse qu'elle astiquait soigneusement, tous les jours, et qui trônaient sur le buffet. Toute mon enfance, toute mon adolescence, j'ai vu ces douilles d'obus et ces balles de mitrailleuse, artistiquement disposées sur le buffet, brillant de mille feux. On dévorait les livres, les brochures, les revues qui racontaient la bataille de Normandie, pour dénicher les quelques pages consacrées à la bataille de Mortain. Plus tard, ce sera la fascination pour les films de guerre : revivre en images, dans le tonnerre des obus, la saga familiale. Notre vie est là, dans ces quelques kilomètres carrés saccagés, déchiquetés, d'où nous sortons vivants. Héros d'une épopée qui a sa place dans les livres : la libération de la France ! Grands mots, grandes phrases, qui ronflent dans nos têtes d'enfants, habitent à jamais notre imaginaire. Quelle différence avec l'autre guerre, la grande, celle de 14-18. Toute mon enfance, j'ai vu des femmes en noir, grands-mères, grands-tantes. En deuil perpétuel de leurs maris tués dans les tranchées, ou morts des suites de la guerre, ces saletés de gaz qui les avaient empoisonnés. Une atmosphère pesante, sinistre, des photos dans des cadres, sur les buffets, le souvenir d'une catastrophe qui avait décimé les familles. Notre guerre à nous, celle des Américains contre les SS, c'était un formidable réservoir de récits, d'aventures. Mon frère aîné nous racontait comment il avait vu sortir de la forêt, près de la maison, les premiers Américains : c'était plus fort, plus palpitant que toutes les histoires qu'on lisait dans les illustrés. La guerre, c'était nous.

Au début des années cinquante, alors que nous étions installés en Bretagne, à Trans, je suis souvent revenu à Mortain, en vacances chez mon parrain. J'ai le souvenir, à cette époque (j'avais sept-huit ans), d'une ville bizarre, à moitié détruite, à moitié reconstruite. Il y avait plein de baraques en bois, bâties à la hâte pour reloger, provisoirement, ceux qui avaient tout perdu. Seule la vieille église du XVᵉ siècle, la Collégiale, en plein cœur de la ville, était restée intacte. Un miracle, évidemment. Ce sont des souvenirs en noir et blanc, un peu flous, qui bougent et tremblent dans ma mémoire, comme des fantômes. Sur la route, en sortant de Mortain, je revoyais la petite maison au milieu du champ, la bicoque où j'étais né. Et, bien entendu, pendant ces vacances, avec un camarade que je retrouvais chaque été, on jouait à la guerre. Aujourd'hui encore, quand il m'arrive de traverser la Normandie, le Cotentin, je suis fasciné par ces bourgs, ces villes, entièrement reconstruits par les Américains, tous sur le même modèle. Et par ces cimetières de croix blanches, ces Anglais, ces Canadiens, ces Américains morts au soleil de l'été 44. C'est certainement une maladie, cette fascination pour ce qui s'est passé là, voilà plus de cinquante ans. Je suppose que ça devrait se soigner. Mais voilà, c'est comme ça, c'est notre histoire. Mortain, la guerre, les Américains et les SS, on est nés là-dedans, nous, la famille. Tous cinglés, c'est sûr.

Trois ans plus tard, en 1947, nous déménageons. Finie, la vie à dix dans une seule pièce, à Mortain. Nous voilà installés au Teilleul, à une dizaine de kilomètres. Mon père a réussi un concours : de simple cantonnier, il est devenu chef cantonnier. Et il vient d'être nommé au Teilleul. Nous logeons dans une de ces baraques en bois, qui nous a été attribuée en tant que « sinistrés de guerre ». Le luxe : trois pièces ! Détruite, elle aussi, aujourd'hui, la baraque, comme la bicoque de Mortain. Cette fois, j'ai mes propres souvenirs. L'école maternelle. Des cerises qu'on cueillait, mon frère Jacques et moi, toujours au même arbre, en allant à l'école. Nos expéditions dans les décharges, les trous à ordures. C'est fou ce qu'on aimait ça, on passait des heures à fouiller là-dedans, pour récupérer un jouet cassé, une vieille boîte en métal, un truc à ressort, un objet bizarre qui nous faisait rêver. N'importe quoi, du moment que ça nous paraissait utilisable, récupérable. On ramenait nos trouvailles à la baraque et notre frère Henri, qui adorait déjà bricoler (il est devenu mécanicien), nous fabriquait un truc tout neuf. Ce sont de tout petits souvenirs, des souvenirs minuscules. Une baraque en pleine campagne, à deux kilomètres du bourg, au carrefour de Saint-Patrice. La route, toute droite, qu'on faisait à pied pour aller à l'école ou, le dimanche matin, à la messe. J'ai cette photo (prise par qui, je me demande bien) de nous trois, ma sœur Agnès, mon frère Jacques et moi, tout endimanchés, peignés de frais, sur la route de la messe. Je dois avoir cinq ans, j'ai un pull tricoté (par ma mère ou ma sœur Monique) avec deux petits pompons. Qu'est-ce que j'ai l'air cloche, avec ces deux pompons ! Parfois, je faisais le trajet sur le porte-bagages du vélo d'Agnès. Du bourg à la baraque, ça descendait, ça filait tout droit. En passant au carrefour de Saint-Patrice, Agnès, qui avait une peur bleue, fermait les yeux et fonçait façon kamikaze. On n'a jamais eu d'accident. Si ce n'est pas un miracle, qu'est-ce que c'est ?

Mon frère aîné, Jean, était en pension, loin du Teilleul, loin de la Normandie. Quand il revenait pour les vacances, on allait l'attendre à l'arrêt du car. C'était un car rouge, avec une grosse roue de secours fixée à l'arrière. Comme il arrivait par la route de Flers, on l'appelait le car de Flers, et il me semblait que Flers était à l'autre bout du monde. Je crois bien que l'attente et l'arrivée du car de Flers, le soir, au bord de la route, est l'un des plus grands événements de ma vie d'enfant, au Teilleul. Depuis, j'ai toujours aimé attendre. Dans les gares, les aéroports, à une station de métro. N'importe où. Attendre quelqu'un, c'est le bonheur. Jean arrivait de très loin, de son collège du Maine-et-Loire, c'était un monde mystérieux, fascinant, avec ses rites et ses coutumes. Il en ramenait des mots, des expressions, une façon d'être, à des années-lumière de notre petite vie dans la baraque, en pleine campagne. Quand il descendait du car de Flers, c'était comme un grand courant d'air, l'impression d'un ailleurs quasi mythique. Il y avait une autre vie, là-bas, dont je ne savais que quelques bribes. Plus tard, moi aussi, j'irais en pension.

Et puis au Teilleul sont nés ma sœur Madeleine et mon frère Bernard. Voilà, on était au complet. Les parents et les dix enfants. On allait être labellisé, à vie, famille nombreuse. Avec une symétrie garçons-filles (cinq de chaque côté) qui ne cesserait pas de susciter des oh! et des ah! d'admiration, de stupéfaction. Famille nombreuse, bretonne, catholique. Une vraie carte postale. Déjà, pendant la guerre, mes parents avaient eu droit à un beau diplôme de reconnaissance de l'État français, signé du Maréchal Pétain, inventeur du label famille nombreuse. Plus tard, on aurait le prix Ouest-France, avec photo dans le journal. Et le prix Nestlé, idem. A chaque fois, grande cérémonie, repas, discours, en présence des plus hautes autorités civiles et religieuses. Attention, ce n'était pas gagné d'avance : il fallait justifier d'excellents résultats scolaires et, surtout, d'une conduite morale irréprochable. Je me souviens des certificats de bonne conduite, qu'il fallait demander aux directeurs d'école. On était honteux d'avoir à les demander. Et fiers de les obtenir. Une famille nombreuse proposée, par voie de presse, à l'édification des foules, se devait d'être nickel. Accessoirement, il y avait, à la clé, une somme d'argent, récompense de nos mérites. Lesquels consistaient essentiellement à contribuer efficacement au repeuplement de la France. Le baby-boom, c'est nous. Cet argent, on n'en avait pas honte. Parce qu'on en avait drôlement besoin. Famille nombreuse, bretonne, catholique. Et sans un sou. Voilà le tableau. Ajoutons : une flopée d'oncles, de tantes, de cousins ou de petits-cousins, de cousines ou de petites-cousines. Tous paysans. Ou, plus original, du côté de ma mère, marchands de cochons.

Et justement, voici que s'annonce, après les années normandes, le grand retour vers le berceau familial : la région de Dol, de Combourg. Mon père, après Le Teilleul, est nommé à Trans, où nous débarquons, un jour d'été 1952, dans cette maison mal foutue, toute cabossée, qui tient par les papiers peints. Et qui sera à jamais notre seul et vrai royaume, pour les siècles des siècles. Amen.

C'est mon premier souvenir de déménagement. De Mortain au Teilleul, de la bicoque à la baraque, je n'ai bien entendu aucune image : j'avais six mois. Précoce, peut-être, mais tout de même… Déménager, c'est l'aventure. Le réveil à l'aube. Le voyage en camion à travers des paysages qu'on ne connaît pas, qu'on n'a jamais vus, par des petites routes mystérieuses qui vont jusque là-bas, dans cette Bretagne où je n'ai jamais mis les pieds. Soixante-dix kilomètres à tout casser. Le bout du monde. L'arrivée à Trans, par la route de Pleine-Fougères (chef-lieu de canton), l'arrêt au grand carrefour avec la route de Saint-Malo. Juste à côté du carrefour, presque au coin : la maison. Notre maison. Voilà, c'est là. De l'extérieur, elle a un air un peu bizarre. On comprendra pourquoi plus tard, quand on nous expliquera que c'est un ancien café. On entre : une grande pièce. Enfin : qui nous apparaissait grande. Pas tant que ça, en fait. Pas grande du tout, tout compte fait. Derrière, un cellier. Et, miracle des miracles : un escalier. Une maison avec un escalier ! On monte, le cœur battant. A l'étage : deux chambres. Et un palier, d'où part, derrière une porte, un autre escalier. Là, c'est le jackpot, le bonheur absolu : ce deuxième escalier, sombre, inquiétant, mystérieux, mène à un grenier, tout aussi sombre, inquiétant et mystérieux, qui nous paraît gigantesque, avec des recoins qu'on devine à peine, des poutres d'où pendouillent des harnais, des laisses de cuir, où sont accrochés des colliers de chevaux de trait. On avance à tâtons, on manque de se cogner la tête dans les poutres, on bute sur de drôles d'objets, des outils bizarres, pleins de toiles d'araignée. Comme pour le café, l'explication viendra plus tard : c'était, jadis, la maison d'un bourrelier, celui qui fabrique l'attelage et les colliers des chevaux. Ce grenier, qui nous fait un peu peur, deux étages au-dessus de la pièce rassurante du rez-de-chaussée, on comprend tout de suite que ce sera notre royaume à nous, les enfants, qu'on y passera des journées à jouer, à rêver, à bricoler, à s'inventer des vies, des aventures, à s'y perdre, à s'y faire de délicieuses frayeurs.

Pour le reste, cette maison, c'est tout et n'importe quoi. Il n'y a pas d'eau courante (donc ni salle de bains ni wc) mais ça on trouve ça normal, on n'en a jamais eu. L'électricité est complètement pourrie, alors M. Marchandet, un ami de mes parents à Mortain, fait le voyage pour tout réparer, miracle, ça marche. Il faut couper le cellier en deux pour faire une chambre en bas, ce sera la chambre des garçons. En haut, il y aura la chambre des parents et celle des filles. Bien entendu, il n'y a pas de chauffage mais ça c'est normal, on n'en a jamais eu. Le chauffage, ce sera, en bas, la cuisinière. Et, dans les chambres, rien. Sauf celle des filles, où on installera un petit poêle.

Puis on trouve les noms, pour désigner les lieux. La grande pièce (enfin, grande…) en bas, ce sera « la cuisine ». Et le cellier, « la pièce ». Pourquoi a-t-on appelé le cellier la pièce ? Mystère et boule de gomme. En tout cas, c'est drôlement pratique. Si ma mère me dit : « Va chercher le beurre dans la pièce », je sais où c'est. C'est dans la pièce, facile. Là où il y a le garde-manger, une petite cabane avec la porte en grillage, où on garde la nourriture. C'est certainement moins pratique qu'un frigo. Mais un frigo, on ne sait même pas que ça existe. Dans la pièce, il y a aussi les deux tonneaux de cidre. Et puis les vélos, les chaussures, des outils, tout un barda indéfinissable. Et le chien. C'est là qu'il dort, sur un vieux paillasson, au bas de l'escalier. Dans la cuisine, presque toute la place est prise par la table. Une immense table, faut ce qu'il faut : on est quand même douze à manger, quand Jean est en vacances. Sinon, il y a un buffet, très vieux, avec, dessus, les douilles d'obus et les balles de mitrailleuse, astiquées tous les jours par ma mère. Des chaises. Des bancs. La cuisinière à bois et à charbon. Une cheminée (où ma mère fait les galettes). Et voilà. Ah, si : ma mère persistera à entretenir, contre vents et marées, une bande de parquet ciré, le long du mur, de trente centimètres de large. Cette bande de parquet ciré, c'était sa fierté. Comme quoi on était peut-être les uns sur les autres, c'était peut-être une maison mal foutue, mais regardez cette bande de parquet si c'est pas beau, si c'est pas nickel. On n'avait pas intérêt à y laisser traîner nos godasses crottées, on se faisait engueuler aussi sec. Cette bande de parquet ciré, c'était sa victoire quotidienne, à ma mère, sa bagarre contre tout ce qu'on n'avait pas, c'était un signal, un message. On a sa fierté, nous disait-elle souvent. Fière, oui, elle l'était. Et elle voulait qu'on soit fiers.

Forcément, vu le nombre d'enfants et le nombre de lits, on dormait à plusieurs dans le même lit. Tête-bêche, s'il le fallait. Ça favorisait les discussions, les conversations, tard dans la nuit. Surtout dans la chambre des filles. L'hiver, on se chauffait avec des briques. On mettait les briques dans le four de la cuisinière, le soir.

Quand elles étaient bien chaudes, on les enveloppait dans du papier journal. Et on les mettait au fond du lit, un peu avant d'aller se coucher. Le temps que ça chauffe le lit. Lorsqu'on se glissait entre les draps, on cherchait du bout des doigts de pied la brique dans son papier journal, hum, quel délice. Évidemment, elles finissaient par refroidir, les briques. Au matin, on était gelés. Ce truc, c'était le meilleur moyen d'attraper des engelures. Qu'est-ce qu'on s'est tapé comme engelures ! On faisait chauffer de l'eau dans une grande bassine et, à tour de rôle, on venait tremper dedans nos orteils gonflés d'engelures. Ça soulageait. C'était toujours ça.

Après, au fil des années, on a fait d'autres chambres. On a coupé la chambre des filles en deux. On a monté une cloison dans la chambre des parents, pour que Jean ait sa chambre. Puis on a coupé celle de Jean en deux pour que j'aie ma chambre. J'avais quinze ans. Ma première chambre. Évidemment, il y avait juste la place pour le lit. Et de quoi passer pour entrer dans la chambre de Jean (qui deviendrait, plus tard, celle de Bernard). Évidemment, aussi, elle n'avait pas de fenêtre. C'était une chambre noire. Aucune importance. Elle ne me servait que le soir, la nuit. Agnès, elle aussi, a eu sa chambre noire. Juste à côté de la mienne. On tapait du doigt contre la cloison, pour s'envoyer des messages secrets.

On allait chercher l'eau au puits du bourg. Un seau dans chaque main et, pour bien équilibrer, un cercle de tonneau. Ou alors, avec de grands brocs, à la pompe de chez Touquet, un maçon qui nous laissait nous servir. On se lavait dans la cuisine, cuvette et broc. Et les wc ? Une cabane, dans la cour. Parce qu'il y avait une cour, de l'autre côté de la route (celle de derrière, la route de Pleine-Fougères). Juste une cour : ça nous changeait du champ de Mortain, du jardin du Teilleul. Même pas devant la maison, en plus, la cour, toujours cette route à traverser. Mais, bon, on s'y est très vite fait. Un mur, côté route, une petite porte dans le mur et voilà, c'était le bonheur. Pas grande, certes, et très encombrée, la cour : en plus de la cabane des wc, il y avait des arbres (pommiers, poiriers, immense noisetier), le poulailler, les clapiers, le bois de chauffage, les cordes à linge et des grosses pierres taillées, entassées dans un coin, les unes sur les autres, on n'a jamais compris ce qu'elles faisaient là. Ce qui restait, c'était notre domaine à nous, les enfants. Pas grand-chose, mais bien assez pour inventer mille mondes, mille aventures, jour après jour, semaine après semaine. On avait tracé, dans la terre, tout un circuit de routes très compliqué, avec carrefours, virages, ponts, tunnels, pour nos petites voitures miniatures. Les poules venaient régulièrement tout foutre en l'air, en cherchant des vers du bout de leurs pattes, on engueulait les poules, on les virait de notre circuit, on refaisait tout bien comme il faut. Et voilà. Ou bien on jouait à la marchande. Chacun ouvrait son magasin, épicier, boulanger, boucher, garagiste, ça nous prenait des heures, des jours, à fabriquer le magasin de nos rêves. Après, on allait les uns chez les autres, faire nos courses. Je me souviens que chez le marchand de légumes on trouvait toujours du « chou américain ». C'était du plantain, qu'on avait rebaptisé comme ça pour faire exotique. Mais le plus passionnant, ce n'était pas de faire les courses, c'était d'imaginer nos magasins, de dénicher à droite et à gauche toutes les bricoles, les outils, les planches, les bouteilles vides, les vieilles boîtes de conserve, les réclames, tout ce qui pouvait faire exister le magasin, lui donner sa couleur, sa personnalité. Ou alors on traçait sur la terre, chacun de son côté, la maison idéale. Et on s'invitait les uns les autres pour comparer, prendre des idées.

On a passé là, dans la cour, des milliards d'heures de pur bonheur. Ma mère, en venant donner à manger aux poules et aux lapins, venait voir à quoi on jouait, on lui faisait visiter, elle nous donnait des idées. J'ai appris là, avec elle, grâce à elle, à vivre avec le soleil, à l'apprivoiser, à jouir du temps, du jeu des feuilles, des avancées de l'ombre sur la terre. Quand je dis nous, les enfants, c'est bien sûr les plus jeunes, Agnès, Jacques, Madeleine, Bernard et moi. Quand on est grand, on ne joue pas. Agnès, un jour, a arrêté de jouer. Et puis Jacques. Un jour, on ne sait plus jouer. On oublie le secret. On ne comprend plus ce que ça veut dire, en quoi ça consiste. S'inventer des vies, y croire dur comme fer, un jour, c'est fini, ça s'arrête d'un seul coup, comme ça, du jour au lendemain. Je me demande si ce n'est pas le pire jour de la vie : la perte du jeu, l'oubli du jeu. On y passe tous. Un jour, ça a été mon tour. Mais j'en ai profité jusqu'au bout, jusqu'à la dernière minute, à la dernière seconde. Je me demande si je n'ai pas battu une manière de record : celui qui jouera le plus longtemps. Un cadeau du ciel. Je me souviens de ce jour où un camarade de mon âge est venu me voir, dans la cour, et m'a surpris en train de jouer avec Madeleine et Bernard. Le ton de mépris, dans sa voix, quand il m'a lancé : « Quoi, tu joues encore, à ton âge ? » Oui, je jouais encore. Et je le plaignais, sincèrement, de ne plus savoir jouer. Après, quand on a passé la barrière, franchi la frontière, c'est fini, on ne peut plus revenir en arrière. Jamais.

Il faut que je dise un mot des poules et des lapins. C'est bête, une poule, surtout quand ça vient effacer, d'un coup de patte stupide, nos routes patiemment, artistiquement tracées. Mais comment expliquer que la compagnie des poules fait partie du bonheur ? Leur manège tranquille, leurs petites occupations dans l'herbe, dans la terre, leur trafic de bec et de pattes, leurs petits bruits de gorge, leur façon de fermer à moitié la paupière, de lever la tête dans le soleil, de se secouer les plumes, de s'étaler dans la poussière, c'est fou ce que ça repose, ce que ça met de bonne humeur. Regarder vivre les poules dans une cour, au soleil, qui éprassent (cherchez pas, c'est du patois) tranquillement dans la poussière, c'est une façon de vivre en accord avec le monde. Et je ne parle pas des œufs.

Les lapins ont sur les poules un avantage considérable : on peut les caresser, les embrasser, c'est doux, c'est chaud, c'est soyeux. L'inconvénient, pour eux, par rapport aux poules, c'est qu'ils sont enfermés à vie dans leurs clapiers. Mais, bon, ils n'ont pas l'air d'en souffrir tant que ça. Ils passent leur temps à mâchouiller d'un air pensif, ils clignent des yeux, ils se grattent derrière l'oreille d'un coup de patte, ils remâchouillent. On en avait une tripotée, des gros, des moyens, des tout petits. Le grand truc, c'était de leur donner à manger. D'abord, il y avait le côté corvée : on partait avec le grand panier, le soir, après l'école, et on arrachait de l'herbe sur les talus, le long des routes. C'était long, c'est fou ce que ça prend du temps, de remplir un grand panier d'herbe. Mais s'il faisait beau, l'odeur de l'herbe et des talus, dans la fraîcheur du soir, c'était tellement agréable, ça compensait presque le côté corvée. La récompense, c'était de donner à manger aux lapins. On ouvrait la porte des clapiers, ils étaient tous là à pousser du museau derrière le grillage, on jetait de pleines poignées d'herbe, ils se précipitaient, se bousculaient, on faisait gaffe que les petits en aient autant que les gros. Et puis ils s'en prenaient de pleines bouchées, mâchouillaient, jouaient des mandibules, ça crissait sous leurs dents, ils nous regardaient d'un air content, on les caressait, on restait là longtemps à les regarder manger avant de refermer les clapiers.

Évidemment, faut dire la vérité, on n'élevait pas des lapins juste pour le plaisir de les regarder manger. On les élevait pour les manger, nous. Dès qu'ils étaient assez gros, hop, à la casserole. Ma mère les attrapait par les oreilles et, d'un coup de tisonnier derrière la tête, elle leur réglait leur compte, très professionnelle. Bien sûr, on était triste. Très triste, même. Mais c'était comme ça, c'était la vie. D'autres lapins naissaient. Et voilà. En plus, le lapin, je ne sais pas si vous êtes au courant, mais c'est drôlement bon. Après son forfait, ma mère découpait soigneusement la peau, la retournait sur une branche en forme de fourche pour la faire sécher. Et on la vendait au marchand de peaux de lapin, qui passait régulièrement dans le bourg avec sa carriole en

criant « Peaux de lapin ! Peaux de lapin ! Y a-
t-il des peaux de lapin ? » Ça ne se vendait pas
cher, une peau de lapin. Mais une peau de lapin
plus une peau de lapin, à la longue…

Maintenant, il faut que je fasse une pause. Je suis allé trop vite. Il faut que je vous parle de Trans. Là où nous avons pour de bon posé nos meubles et nos bagages, en cet été 1952. Trans, 800 habitants, à 15 kilomètres de Dol, 15 kilomètres de Combourg, 20 kilomètres du Mont-Saint-Michel. Comment raconte-t-on le paradis terrestre ? Je sais, c'est un trou perdu en pleine campagne, un bled sans aucun intérêt, qu'on traverse sans même faire attention, en fonçant vers Saint-Malo. Oui, oui. Mais, pendant toutes ces années, j'ai vécu à Trans comme au paradis terrestre. Et c'est là une vérité absolue. Je le jure, sur la tête de mes lapins. D'accord, au tout début, on était un peu perdus. Je me souviens du premier jour d'école, dans la cour de récréation. J'avais six ans. Un gars est venu vers moi et m'a demandé comment je m'appelais. J'ai été incapable de lui répondre. J'ai tourné le dos et je suis parti en courant vers l'autre bout de la cour. C'était la première fois qu'on me demandait comment je m'appelais. Avant, partout, on savait qui j'étais. Là, d'un seul coup, j'ai compris que je venais d'ailleurs. Que pour les gars de l'école j'étais un étranger. Déjà, à dix kilomètres, on est un étranger. Alors, quelqu'un qui débarque de Normandie... Faut dire, aussi, qu'on n'était pas passés inaperçus. Une famille de douze qui débarque à Trans, huit cents habitants, qui s'installe en plein centre du bourg, près du carrefour, ça se remarque, ça fait de l'effet. Qui c'est ceux-là ? D'où ils viennent ? Ils ont de la famille ici ? L'effet de masse, déjà. Tous ces enfants inconnus qui sortaient dans la rue, qui allaient à l'école des filles, à l'école des gars, à la messe le dimanche, quelle histoire ! Et puis Jean qui faisait des études, là-bas, quelque part, en pension, c'était carrément abracadabrant. Surtout qu'il a été vite suivi par Marie-Annick, pensionnaire à Avranches. Et les autres, après. Quelle drôle de famille, où les enfants ne s'arrêtaient pas, comme tout le monde, au certificat d'études ! On nous avait à l'œil, on nous regardait comme des originaux, de drôles de zozos. On recevait des amis qui venaient de Normandie (de Normandie !), de la famille qui venait de Combourg et des alentours (à quinze kilomètres !), on voyait bien que ça faisait jaser. Nous, le fait de venir d'ailleurs et de savoir que ça faisait causer, ça nous a fait en rajouter, dans le côté tribu. Tous ensemble, toujours ! Quant à se sentir différents, non seulement, finalement, ça ne nous déplaisait pas, mais on la cultivait, notre différence. On en jouait. On trimballait avec nous comme un parfum d'exotisme, on savait qu'on servait un peu d'abcès de fixation (pour ou contre) pour une bonne partie du bourg, ça nous donnait un genre, on aimait ça.

Et puis, très vite, on a eu le coup de foudre pour Trans. Un bourg qui n'a absolument rien de spécial, de particulier, je tiens tout de suite à le préciser. A part une église pas trop moche, plutôt pas mal même (mais de belles églises en Bretagne, on en trouve des flopées), il n'y a strictement rien, à Trans. Une rue principale, la grand'rue, la route nationale, en fait, qui va de Saint-Malo à Fougères. Une autre route, celle de Pleine-Fougères, qui va de Normandie jusqu'à Rennes. Un carrefour entre les deux, là où on habite. La place de l'église. Deux petites rues autour. Et voilà, ça y est, vous êtes sorti de Trans, à peine le temps de comprendre que vous y êtes entré.

Parfois, quand je voyage en train, je vois, au loin, des petits villages, de minuscules bourgades. Je regarde les maisons, j'imagine les gens et je me demande : mais comment peut-on vivre dans un trou pareil ? Qu'est-ce qu'on doit s'embêter, étouffer ! Et aussitôt je me rappelle que moi aussi j'ai vécu dans un trou, un bled paumé. Et que non seulement je ne m'y suis jamais embêté, je n'y ai jamais étouffé, mais j'y ai passé des années miraculeuses, des années magiques. Le monde entier était concentré à Trans. Tout, absolument tout.

Pour commencer, on a fait les explorateurs, tous ensemble, nous les enfants. A pied, puis, plus tard, en vélo. Et, encore plus tard, en solex. De toute façon, on n'avait pas de voiture, on n'en a jamais eu. Mon père allait sur les chantiers en mobylette. Quand il fallait se rendre ailleurs, loin, on profitait d'un voisin, le boucher, par exemple, qui nous transbahutait dans son camion en allant à la foire aux bestiaux. On s'est donc mis à se promener un peu partout, puisqu'on ne connaissait pas. On a vite découvert le plus important : la forêt. A quelques kilomètres du bourg, la forêt de Villecartier. Immense, de magnifiques futaies de hêtres et, au beau milieu, un étang. Cette forêt, on a fait des milliards de kilomètres à pied pour y aller, pour en revenir, pour la parcourir dans tous les sens. On disait à notre mère : on part à la forêt. Et voilà, elle nous laissait partir, toute la troupe, à pied, pour des après-midi entières de marche, de jeux, de discussions, de baignade, de rêverie. Quand on avait trop soif, en y allant, on s'arrêtait au ruisseau de Pont-Perrin, où coulait une eau froide, délicieuse, qu'on prenait à pleines mains.

On montait l'allée qui menait au château de la Villarmois, un château prétentieux du siècle dernier, où vivaient le Comte et la Comtesse et leurs enfants, qui se vouvoyaient entre eux, ce qui nous faisait bien rire. On passait par le parc du château, avec sa pierre étrange, énorme, taillée en son milieu par une tranchée : on disait que jadis on y faisait des sacrifices humains, du temps des druides. On continuait le chemin, en passant près de la ferme de l'Ave Maria, on longeait un premier étang, l'étang de Rufien, on arrivait dans la forêt par un sentier de rêve, sous les hêtres, dans la mousse, et on débouchait sur l'étang de Villecartier. Là, il y avait un moulin à eau, avec sa roue à aubes, le Moulin de la forêt, qui faisait buvette. On poussait plus loin, de l'autre côté de l'étang, jusqu'à un endroit qu'on avait baptisé la grande baignade. Un endroit à nous, une petite crique de sable où on pouvait s'installer, sortir nos quatre-heures. Derrière, l'immensité de la forêt. L'eau, la lumière, le soleil dans les arbres, l'odeur de la mousse, la douceur de l'ombre et le mystère qu'on devinait, là-bas, au fin fond, quand tout est sombre sous les hêtres. On était seuls, la plupart du temps, personne d'autre ne venait à la forêt, à l'étang (les temps ont bien changé : on loue des pédalos, maintenant, à Villecartier. Accessoirement, on a aussi massacré la forêt). Le grand silence, partout. Nos jeux, nos conversations. On a tous appris à nager ici, dans l'étang. La mer n'était pas loin : la première plage, c'était Cancale, à vingt-cinq kilomètres. Mais on n'était pas de la mer. On était de la campagne. La douce odeur de l'eau de l'étang, les nénuphars, les insectes, les branches de hêtres qui nous frôlaient, le soleil qui faisait des étincelles, c'était le paradis.

Parfois, on faisait un détour par ce qu'on appelait le camp normand. On avait découvert, en pleine forêt, de curieux vestiges : un fossé qui délimitait des fortifications, avec des tas de pierres sous la mousse. On s'était renseignés : on avait appris qu'à Trans, en 932, Alain Barbetorte, roi de Bretagne, avait battu l'envahisseur normand, le renvoyant une bonne fois pour toutes de l'autre côté du Couesnon. Ces vestiges, si ça se trouve, c'était le camp normand. On en rêvait, la tête pleine d'aventures, comme à la pierre taillée du parc, celle des druides. Il ne fallait pas grand-chose pour mettre le feu à notre imagination. On lisait plein de livres, on dévorait des tonnes d'illustrés, on vivait dans un monde de trésors cachés, d'oubliettes, de détectives, de mystérieux châtelains, d'enfants débrouillards et gonflés. Qui, bien sûr, nous ressemblaient comme deux gouttes d'eau. Sans oublier (remember Mortain !) la guerre, le débarquement, les SS et les Américains.

Mais il n'y avait pas que la forêt. Tout autour du bourg, dans la campagne, il y avait plein d'endroits bizarres, un château en ruine (celui de la Haute-Villarmois), dévoré par le lierre, les ronces, les orties, ; des fermes aux noms mystérieux (la petite Abbaye, la Grande Abbaye) qu'on allait voir le cœur battant, certains d'y retrouver la trace des Templiers ; des ruisseaux au creux des taillis, des moulins sur des rivières, des carrières désaffectées qu'on escaladait, des rochers aussitôt baptisés falaises, des villages perdus au bout de chemins de terre... Tout cet entrelacs de petites routes, sur des kilomètres à la ronde, c'était un véritable labyrinthe, on ne se lassait pas de les parcourir en tous sens, comme des aventuriers rêvant de la Toison d'or. On se perdait, on cherchait des raccourcis, on tombait sur des chemins creux tapis entre deux hauts talus, la voûte de chênes ou de châtaigniers au-dessus de la tête, c'était sombre, ça sentait la jungle, la forêt vierge, on marchait à l'aveuglette, sans avoir la moindre idée de là où on arriverait. Au fil des années, on avait peu à peu appris à se repérer, on s'était choisi quelques lieux privilégiés, comme des bases secrètes que nous étions, pensions-nous, les seuls à connaître, un royaume invisible. Ainsi, dans la forêt, ce ruisseau qui coulait au milieu d'un chaos de rochers, qu'on avait aussitôt baptisé « la vallée enchantée », comme dans les livres. Ou, sur la route de La Boussac, au lieu-dit Le Val, ce taillis au fond d'un creux : il fallait suivre un petit chemin invisible de la route, s'enfoncer sous les branches jusqu'à la clairière secrète où nous étions seuls au monde.

Trans était devenu un pays magique, un territoire entièrement investi par notre imagination, peuplé de nos rêves à nous, la bande d'enfants qui marchaient sur les routes. Les noms des villages, des fermes, étaient autant d'énigmes, de messages cryptés : la Croix Ban, Cruande, le Rocher Toc, les Potences, le Pas Cru, Ville Pican, la Croix de Bois, les Places, la Villaze, Lande Chauve… On s'enivrait de mystère, on s'inventait des millions d'histoires, tête au vent, les mains dans les poches, libres comme dans un rêve. A l'horizon, sur la route de Pleine-Fougères, il y avait le Mont-Saint-Michel. Quand il faisait très beau, on le distinguait à peine dans la brume de chaleur. Par mauvais temps, vent, pluie ou froid, on le voyait surgir au-dessus de la baie, si distinctement, si précisément qu'on aurait pu le toucher de la main. Le Mont-Saint-Michel était à lui seul un royaume, un réservoir inépuisable à songes, légendes, inventions de toutes sortes. Il y avait, dans un de nos illustrés, une histoire à suivre qui s'appelait *La Fée des grèves* et qui se passait précisément là, au Mont-Saint-Michel, sous nos yeux. Ça se mélangeait dans nos têtes, le Mont-Saint-

Michel qu'on voyait, qui tremblait dans la brume, sur la route de Pleine-Fougères, et ce lieu mythique d'une histoire inventée qui nous faisait battre le cœur. On habitait le centre du monde.

La vie au bourg, la vie au jour le jour, c'était d'abord l'école. A Trans, comme partout en Bretagne, il y avait évidemment deux écoles : l'école publique et l'école privée. On disait, à l'époque : l'école laïque et l'école libre. Ou encore, entre gosses du bourg, plus prosaïquement : les culs-rouges et les chouans. Tout était figé depuis la Révolution, je l'ai appris plus tard. Il y avait eu, dans la région de Dol, une grande bataille entre les Vendéens et l'armée de la République, conduite par Hoche. Résultat : victoire des Bleus contre les Blancs, des Républicains contre les Royalistes. Les paroisses, à l'époque, avaient choisi leur camp. Depuis, peu ou prou, la couleur était restée la même. A Trans, on avait été pour la Révolution. Trans était de gauche. Mais les deux pouvoirs, l'église et la mairie, s'équilibraient à peu près. Le recteur (en Bretagne, on n'a pas des curés mais des recteurs) avait autant de poids que le maire.

Résultat : on avait tout en double. Non seulement l'école, mais les magasins. Il y avait le boucher laïque et le boucher catho, le boulanger laïque et le boulanger catho, le cafetier laïque et le cafetier catho. Etc. S'agissait pas de se tromper. Tu changeais de boulangerie, aussitôt l'information se répandait dans le bourg, c'est que t'avais viré de bord. Forcément. Nous, notre famille, on était catholiques. Donc école libre. Donc magasins cathos. En clair : de droite. Le jour où on est tous devenus de gauche, la révolution dans le bourg. On continuait à aller dans les magasins cathos (on se connaissait tellement bien) tout en allant dans les magasins laïques. Tout le monde était sens dessus dessous. Ainsi s'écroulent les civilisations…

Nous, donc, c'était l'école libre. Attention, deux écoles : celle des filles et celle des garçons. Pas question de mélanger. L'instituteur, chez les garçons, était un prêtre. Le vicaire de la paroisse. Tout jeune, plein d'idées, pédagogie active et tout le tremblement. La chance de ma vie. L'école, c'était la classe unique. Tous mélangés, les petits avec les grands. Le but, c'était le certificat d'études. Sa méthode, au vicaire instituteur, c'était deux choses. Un : les grands apprennent aux petits. Deux : chacun travaille à son rythme. Chaque matin, il nous distribuait une fiche. C'était la feuille de route pour la journée. Il donnait des pistes, des points de repère. Et nous laissait nous débrouiller. On allait, bien sûr, plus ou moins vite. Dès qu'on avait fini, on pouvait passer à autre chose. Aider les petits, si on était un grand. Prendre un livre dans la bibliothèque. Potasser l'Histoire de France, la géographie, dans des beaux manuels pleins d'illustrations. Jamais de devoirs à la maison. La liberté, l'autonomie. Lui, pendant ce temps-là, le vicaire instituteur, il se consacrait à son deuxième boulot : la menuiserie. Il adorait bricoler, travailler le bois. Juste à côté de la salle de classe, il s'était installé un atelier. Alors il sciait, découpait, rabotait, clouait, collait, on entendait le boucan des machines, on sentait l'odeur de la sciure, pendant qu'on travaillait. De temps en temps, il venait voir comment ça se passait. Posait des questions. Donnait un coup de main. Puis retournait à ses machines. Il avait fabriqué de ses mains tous les bureaux de la classe. Avec un système de goupille sous le siège (pivotant) qui permettait au bureau de s'adapter à la taille de l'élève, au fur et à mesure qu'il grandissait. Pendant les récrés, il jouait au foot avec nous. Ou aux barres, au béret, au ballon prisonnier. Ou nous faisait construire des avions en bois d'allumette, avec un système d'hélice à élastique, on remontait l'hélice, on lâchait tout, l'avion décollait, volait trente secondes puis s'écrasait dans la cour. On recollait, on recommençait. Bien sûr, aussi, il pouvait être sévère, le vicaire. Il donnait des fessées avec ses mains larges comme des battoirs, qu'est-ce que ça faisait mal. Le plus terrible, c'était l'humiliation devant tous les autres. Fallait surtout pas pleurer. Sadique, le vicaire. Personne n'est parfait.

A part ça, c'était l'école de rêve. Classe unique, le travail à la carte, l'envie et le plaisir d'apprendre, l'odeur de la sciure, le poêle qui ronflait en hiver, ceux de la campagne (nous, on était du bourg) qui arrivaient pleins de givre et de neige après leur longue marche à pied. On avait des blouses grises, des sabots (les filles, des galoches) ou des socques, brodequins à semelles de bois sous lesquelles on clouait des bandes de caoutchouc. Quand j'ai lu *Le Grand Meaulnes*, j'ai tout reconnu, immédiatement. C'était mon école, mon village, mes histoires et mes légendes. C'était chez moi.

A Trans, dans le bourg, il y avait un forgeron. Tôt le matin, on était réveillés par le tintement du marteau sur l'enclume. On allait le voir, après l'école. Le gros soufflet, la flamme rouge dans la forge, l'odeur de corne brûlée, quand il clouait un fer sous le sabot d'un cheval, un bon vieux cheval de trait, tranquille, stoïque, les cheveux dans les yeux. La forge, on pouvait y rester des heures, tellement c'était fascinant. Les paysans attendaient, roulaient leur cigarette, discutaient avec le forgeron, on caressait le cheval, c'était un monde en rouge et noir qui n'avait pas changé depuis nos grands-pères, exactement comme dans nos livres de lecture, à l'école. Il y avait aussi un sabotier, qui faisait en même temps buvette. On le regardait tailler son morceau de bois, dessiner la forme, vider l'intérieur, raboter, affiner, avec toutes sortes d'outils étranges qui permettaient de sculpter le bout pointu et de graver, sur le sabot fini, les petites décorations qui étaient la signature du sabotier. Devant son atelier, il alignait les sabots et les galoches de toutes tailles, vernis, brillants, qui sentaient le neuf et donnaient envie de tout essayer, tout de suite. L'autre attraction, c'était le cordier, qui fabriquait des ficelles. Lui, on le voyait souvent : il était installé juste à côté d'un lopin de terre que louait ma mère pour y faire son potager. On venait biner, sarcler, arroser les radis, ramasser les haricots. Et on regardait le cordier fabriquer ses ficelles, selon un processus compliqué, mystérieux, que je n'ai jamais tout à fait compris.

Quand on voulait se faire couper les cheveux, on allait chez le menuisier. Le samedi soir, il changeait de métier, recevait dans sa cuisine. On s'asseyait autour de la table, en attendant notre tour. Le menuisier sortait sa tondeuse mécanique et il coupait tranquillement, en prenant tout son temps, la cigarette papier maïs aux lèvres, la cendre qui nous dégringolait dans le cou. Il coiffait les hommes, exclusivement. Les vieux buvaient un coup, fumaient, discutaient, racontaient tous les potins du bourg, se rappelaient de vieilles histoires de famille, de fermes, de clôtures. Nous, les enfants, on écoutait, fascinés. Fallait surtout pas être pressés. On ressortait de la cuisine du menuisier à la nuit noire, la tête bien fraîche : son style, au menuisier, c'était la coupe au bol, bien dégagé très haut sur les oreilles et dans la nuque. Quand on rentrait à la maison, les autres se moquaient de nous. Pas grave : ils y passeraient à leur tour.

Tôt le matin arrivaient les cantonniers, qui venaient retrouver notre père. Ils discutaient du chantier en cours, mangeaient de la charcuterie et puis partaient, à vélo ou en mobylette. Parfois, la goudronneuse s'arrêtait devant la maison. Ça sentait fort, âcre, ça prenait à la gorge, ça montait à la tête, c'était devenu une odeur familière, comme celle de la corne brûlée chez le forgeron.

L'autre odeur, c'était celle de la couenne de cochon ébouillantée. Juste à côté de la maison, il y avait un boucher, qui possédait son propre abattoir. On était tout le temps fourrés chez lui, dans sa cour, à le regarder tuer les bêtes. Bien sûr, ça impressionnait, mais, à force, on s'habituait. Lui, ce qu'il ne supportait pas, c'était de tuer des agneaux. Il pleurait, quand il tuait des agneaux.

Le reste, les veaux, les cochons, c'était son boulot et on adorait se faire peur en le regardant faire son boulot.

Mais la cour du boucher, c'était aussi le rite de la lessiveuse. Ma mère faisait bouillir le linge dans une grande lessiveuse sous laquelle brûlait un feu d'enfer et c'était là, dans la cour du boucher, qu'elle pouvait le faire tranquillement. Ça prenait le temps qu'il fallait, surtout les draps. Après, il fallait aller laver le linge au doué, comme on appelait le lavoir. Un kilomètre à pied, à pousser la brouette pleine de linge. Un kilomètre pour revenir. Au doué, une mare en plein champ avec un petit abri en tôle, ma mère s'agenouillait dans une caisse en bois garnie de paille et savonnait, frappait le linge avec le battoir, savonnait, rinçait, frappait, rinçait, tordait... Ça fait très image d'Épinal, le lavoir à l'ancienne, vieille tradition de nos belles campagnes. Mais ma mère, ça ne la faisait pas tellement rêver. Qu'il pleuve, qu'il vente, il fallait aller au doué, pousser la brouette, s'agenouiller, savonner, frotter, frapper, revenir en poussant la brouette. Pendant les vacances, on l'accompagnait, on passait l'après-midi avec elle. Pour nous, c'était une aventure de plus. Dans le champ près du doué, on jouait, on lisait, on discutait. Elle, ça la distrayait, ça l'aidait à passer le temps. Comme les autres lavandières qu'elle rencontrait parfois au doué et avec qui elle faisait la conversation. Au retour, on poussait la brouette à tour de rôle. Et puis on étendait le linge avec elle, dans la cour, on se cachait sous les draps qui sentaient l'herbe, les arbres et le savon de Marseille.

On n'avait pas d'argent, mais on n'était pas pauvres. Les pauvres, on savait qui c'était, ce que ça voulait dire. Eux n'avaient rien, vivaient misérablement. Nous, on n'a jamais manqué de rien d'essentiel. La seule chose, c'est que plus la fin du mois approchait, moins on pouvait payer. Chez l'épicier, chez le boulanger, on disait : « Maman paiera demain. » C'était la formule cryptée, dont personne n'était dupe, pas plus nous que les commerçants. Ça voulait dire qu'on ne pouvait plus payer, qu'il fallait nous faire crédit. Jusqu'à ce que la paye arrive. On avait un peu honte, devant les autres clients, de dire « Maman paiera demain ». Mais ce n'était pas grave. Pas vraiment. Je revois aussi ma mère chez Thierry, le magasin de vêtements de Pontorson, qui faisait des prix pour les familles nombreuses, quand il fallait nous habiller, pour la rentrée. Bien sûr, on recyclait au maximum. L'avantage d'être une famille nombreuse, c'est qu'on porte les habits les uns des autres, au fur et à mesure qu'on grandit. Évidemment, quand ça arrivait à moi (quatrième garçon sur cinq), c'était un peu usé, défraîchi, rapiécé. Sans parler de la mode (dont personne ne parlait). Mais, bon. Et puis ma sœur Alice, après son certificat, avait appris le métier de couturière. Monique, elle, tricotait comme une pro. A elle deux et avec ma mère, qui reprisait tout ce qu'elle pouvait, elles assuraient le courant. Reste qu'il fallait bien, de temps en temps, acheter du neuf. Alors je revois ma mère à Pontorson, chez Thierry, songeuse, le doigt sur la bouche, réfléchissant au contenu de son porte-monnaie, regardant la veste qu'il faudrait bien m'acheter. Elle discute avec le vendeur, essaie d'obtenir un rabais, demande à payer en plusieurs fois, voudrait savoir s'il n'y aurait pas, pour un peu moins cher, une qualité voisine. Ma mère, chez Thierry, à Pontorson, le doigt sur la bouche. Songeuse.

Un jour, l'eau courante est arrivée. Toute une équipe a débarqué, ingénieur, contremaîtres, ouvriers. Pendant un mois, ils ont investi Trans pour creuser les tranchées, poser les tuyaux, faire les raccordements, bâtir le château d'eau. On jouait au foot avec eux, sur le terrain communal. C'était comme un grand courant d'air frais qui nous arrivait d'ailleurs, tous ces jeunes gens gais, pleins d'entrain, qui allaient de bourg en bourg apporter cette merveille : l'eau courante. Avec eux, Trans, d'un seul coup, changeait d'époque. On devenait modernes. On n'était plus seulement un petit trou perdu. On voyait avancer le progrès, jour après jour, au fur et à mesure que les longs tuyaux noirs arrivaient au cœur du bourg. Et puis un jour, on nous a posé l'évier. Et le robinet. On a ouvert : l'eau s'est mise à couler. Chacun à tour de rôle, on a voulu essayer. Moquez-vous : un miracle, un vrai. Plus besoin d'aller chercher l'eau au puits ou à la pompe. Cet évier blanc tout neuf, ce robinet chromé, l'eau à volonté : pendant des jours, en entrant dans la cuisine, le matin, je n'arrivais toujours pas à y croire. C'était uniquement de l'eau froide, bien sûr. On n'avait toujours pas de douche, ni de salle de bains. Ni de wc. On se lavait toujours dans la cuisine. Mais ça n'avait plus rien à voir.

Le grand décrassage, pour nous les petits, c'était le samedi soir. Notre mère faisait chauffer de l'eau sur la cuisinière, la versait dans la lessiveuse et hop, à tour de rôle, on sautait dedans. Cachés, tout de même, derrière un paravent. Au cas où des gens seraient entrés, comme ça arrivait souvent le samedi soir, voisins, copains des uns ou des autres. Les visites du samedi soir, les conversations autour de la table, les blagues, les rires, les commentaires ironiques sur celui qui rentrait de chez le menuisier, tondu de frais, les bolées de cidre, les tasses de café… Les rires, surtout. Le samedi soir, c'était la fête. Toute la famille et les amis. Un soir, je me souviens, un type est entré, sans frapper à la porte, il a dit bonjour, il s'est assis à la table, il a demandé un verre de vin. Ma mère l'a servi, le type a bu son coup, s'est essuyé la moustache, a sorti son porte-monnaie et a demandé « combien je vous dois ? ». Il croyait que la maison était toujours un café, comme elle l'avait été, jadis, avant notre arrivée à Trans. Il n'était pas passé par là depuis des années, mais il n'avait rien remarqué d'anormal. Il était entré, il avait vu du monde, il avait demandé son coup de rouge. Et ma mère, qui ne l'avait jamais vu, l'a servi, sans poser de questions. La maison à Trans, c'était ça : on pousse la porte, on est chez soi.

Mais la vraie fête, c'étaient les retours des uns et des autres. Henri, après son certificat d'études, à quatorze ans, s'était fait engager comme apprenti chez un garagiste à La Boussac. Six kilomètres à vélo, matin et soir. Puis, au bout de quelques années, il est devenu mécano à Combourg. Là, il a trouvé à se loger. Il rentrait tous les samedis soir. Marie-Annick puis, plus tard, Agnès étaient en pension à Avranches, elles rentraient tous les quinze jours. Jean, lui, ne revenait que pour les vacances. Plus tard, Jacques, à son tour, est devenu pensionnaire à Dinan. Leurs retours, aux uns et aux autres, quel charivari ! Ils avaient tous plein d'histoires à raconter, des histoires de dortoirs, de profs sadiques, de chahuts d'enfer, ils parlaient une langue bizarre, pleine de références à leurs cours, aux rites du pensionnat. Nous, les petits, on les écoutait bouche bée, on était au spectacle. Nos petites histoires de cours de récré, les derniers potins de Trans, tout ça nous paraissait tellement dérisoire, à côté de cette vie magique à la ville, en pension, avec ses aventures, ses intrigues, ses rebondissements, ses secrets… Je savais que, bientôt, ça allait être mon tour, je brûlais d'impatience. Je singeais mes frères et sœurs, j'essayais de parler comme eux, je me rêvais pensionnaire. Mais Jacques, je me souviens, m'avait dit, seul à seul : « Tu ne connais pas ton bonheur, ici, à Trans ; la pension, quel cafard… »

En attendant, j'étais enfant de chœur. Ça aussi, qu'est-ce que j'avais pu en rêver ! Briller dans le chœur de l'église, devant tout le bourg, en soutane rouge et surplis blanc, manipuler l'encensoir, le goupillon, connaître par cœur tous les gestes, tous les rites, faire partie de ce grand ballet sacré, devenir un pro de la grand-messe… Il faut dire que la messe, celle du dimanche à onze heures, avec Marie-Ange Mouton, la fille du café-bazar, qui jouait de l'harmonium et Amand Boucher, le cordonnier, debout près d'elle, qui chantait de sa formidable voix de ténor, et le sermon du recteur, là-haut, dans la chaire, et tout ce cérémonial de salutations, de génuflexions, de grands signes de croix, de chasubles et de vapeurs d'encens, c'était, de très loin, le plus extraordinaire spectacle de Trans, qui se jouait presque à guichets fermés. Les enfants devant, les femmes derrière, les hommes dans une chapelle latérale, le Comte, la Comtesse et leur progéniture au tout premier rang, dans un enclos spécial, les odeurs de cirage et de brillantine, les costumes du dimanche, les effets de toilettes et de chapeaux, les cantiques balancés à tue-tête pendant que le soleil traversait les vitraux, quelle fête, mon Dieu, quelle formidable fête… Les esprits forts, ceux qui ne pratiquaient pas, attendaient au bistrot d'en face et, à la sortie de la messe, rejoignaient tout le monde sur la place de l'église, pour échanger les potins, prendre des nouvelles des uns et des autres, balancer quelques blagues.

Nous, les enfants, ça nous fascinait tellement qu'un de nos jeux préférés, à la maison, c'était de jouer à la messe. Le rôle du prêtre, c'était Jacques ou moi. On se fabriquait des chasubles avec de vieux rideaux, on connaissait les gestes par cœur, on baragouinait un latin approximatif. Jacques se réservait le sermon, il était imbattable pour décrire les tourments de l'enfer, le diable, sa fourche et le feu qui nous brûlait, encore mieux que le recteur en chaire. Agnès jouait le rôle de Marie-Ange Mouton, la fille du café-bazar, à l'harmonium. Madeleine était la chorale. Et Bernard faisait l'enfant de chœur.

Un jour, finalement, ça a été pour de vrai. Après toute une période d'essais, de répétitions, j'ai été intronisé enfant de chœur. Pour limiter les risques, le recteur avait décidé que le cadre de ma première prestation professionnelle serait la messe de huit heures du matin, un dimanche. J'étais un peu vexé, ça ne valait pas la grand-messe, avec toute sa pompe et, surtout, son immense public. Mais, bon. Enfin revêtu de la soutane rouge et du surplis blanc, j'ai fait mon entrée dans le chœur, le regard pénétré, les mains jointes, devant le recteur portant le précieux calice. Au début, tout s'est parfaitement déroulé. J'avais répété à mort, je connaissais tout par cœur. Jusqu'à ce grand moment de la vie d'enfant de chœur : le changement de côté de l'énorme missel sur son énorme lutrin, entre l'épître et l'évangile, avec génuflexion à la clé au bas de l'autel. D'une main ferme, j'ai saisi le missel et le lutrin et, en regardant l'assistance, fier comme Artaban, j'ai descendu les marches de l'autel. Et là, horreur, je me suis pris les pieds dans ma soutane, j'ai perdu l'équilibre et, avant de me ramasser par terre, j'ai envoyé valdinguer l'énorme missel et l'énorme lutrin à travers le chœur, jusqu'au premier rang de l'assistance (qui, heureusement, était des plus réduites : vous imaginez la honte, en pleine grand-messe ?). Tout le monde a rigolé, sauf moi, aussi rouge que ma soutane. Ces débuts fracassants ne m'ont pas empêché de devenir, par la suite, un enfant de chœur modèle. Ce que je préférais :

verser l'encens sur les charbons incandescents et voir monter la fumée vers les vitraux, sentir l'odeur enivrante de l'encens, avant de me lancer dans de savants mouvements d'encensoir, qui faisait cling-cling dans le grand silence dominical...

Mais il n'y avait pas que l'encensoir et la messe du dimanche. Parfois, tôt le matin, avant de partir à l'école, il fallait, comme disait le recteur, « aller porter le bon Dieu ». En clair : apporter l'extrême-onction à un mourant. Alors on partait à pied tous les deux, dans l'aube froide, le recteur tenant le ciboire et les saintes huiles et moi le précédant, brandissant une lanterne allumée qui prévenait tout le monde que nous allions porter le bon Dieu. Les gens s'arrêtaient en nous voyant, faisaient le signe de croix. On marchait parfois longtemps, par des chemins boueux, jusqu'à des fermes perdues où la famille nous accueillait, nous faisait entrer dans la chambre du mourant. Il faisait froid, c'était triste, c'était sale, le mourant décharné nous regardait avec des yeux fous, j'avais peur, j'avais froid, je voulais sortir dehors, courir dans les champs, j'avais envie de hurler : laissez-moi, j'ai huit ans et je ne veux pas mourir !

Et puis je suis devenu pensionnaire, à mon tour. J'ai passé l'examen pour obtenir une bourse, à Saint-Malo. J'avais dix ans et demi. Et en octobre, à la rentrée, j'ai rejoint Jacques à Dinan, tout excité. A moi la grande aventure ! Mais c'est Jacques qui avait raison : dès le premier soir, dans ce grand dortoir aux tristes lits de métal froid, j'ai eu un cafard noir. Pourquoi n'étais-je pas à Trans, dans la cuisine, à lire tranquillement, bien au chaud, avec la famille ? Qu'est-ce que je faisais dans cet endroit sinistre où, à part Jacques, je ne connaissais personne, avec ce pion, dans la chambre à côté, qui nous avait à l'œil et qui, à l'aube, le lendemain, nous réveillerait en frappant dans ses mains ? Faites, Seigneur, que ce soit un rêve, un cauchemar, que je me réveille à Trans, dans la maison, que je parte jouer dans la cour, que je retrouve les poules, les lapins, que j'aille chercher le lait à la ferme avec Bernard et Madeleine, qu'on parte se promener à la forêt, à l'étang de Villecartier… Mais Dieu faisait la sourde oreille, Dieu avait autre chose à faire. Chaque matin, je me réveillais dans le dortoir. J'avais voulu être au pensionnat, comme les grands. J'y étais.

Et ce n'était pas un de ces pensionnats pour amateurs, qui revenaient chez eux tous les samedis soir. Nous, on ne rentrait à la maison que pour les vacances. Des mois sans revoir Trans, la maison, la famille ! Évidemment, le côté positif, c'est que, quand enfin on revenait, c'était la fête. On avait tellement attendu, tellement rêvé ce moment. Mais il fallait encore y arriver, à Trans.

On prenait le train, Jacques et moi, jusqu'à Dol. Après, il fallait qu'on se débrouille. De Dol à Trans : quinze kilomètres. Avec nos valises. Alors, on faisait du stop. Ça marchait plus ou moins bien. Des fois, on attendait des heures à la sortie de Dol ou de La Boussac, on trépignait de rage : tout ce précieux temps perdu, alors qu'on avait tellement de choses à faire, à Trans, et si peu de jours devant nous. A peine arrivés, on retrouvait les autres, on se précipitait dehors, sur nos petites routes perdues, vers nos lieux secrets, nos villages mystérieux. On lisait, on rattrapait notre retard d'illustrés. On partait en forêt, à l'étang de Ville-cartier. Et puis le compte à rebours commençait. Et il fallait reprendre le train. Henri, qui avait passé son permis, nous emmenait en 2 CV à la gare de Dol. Le train pour Dinan : 17 h 51, quai B voie 2. Toute ma vie, j'ai gardé ça en tête, jamais je ne l'oublierai : 17 h 51, quai B voie 2. Le retour au dortoir. Le retour du cafard.

Mais qu'est-ce que c'était, ce cafard, à côté de ce qui me rongeait jour après jour, nuit après nuit, et dont il me faut maintenant parler ? Tout se paie. Le bonheur à Trans, ce bonheur que j'ai bu jusqu'à la dernière goutte, était un mensonge. Il y avait, à l'intérieur de ce bonheur, un malheur plus grand encore. Et je ne sais pas si je vais trouver les mots pour avancer, dire l'enfer du paradis terrestre. J'ai compris un jour deux choses, peu de temps après notre installation à Trans : mon père et ma mère ne s'aimaient plus. Mon père buvait. C'était la mort de l'amour, c'était la mort à l'œuvre.

Je vais maintenant aller à pas comptés, je marche au bord d'un gouffre. J'ai retrouvé dans mes papiers ces quelques lignes que j'ai écrites il y a longtemps, je ne sais plus quand, alors que j'essayais, en vain, de faire ce récit que, jusqu'à aujourd'hui, je n'ai jamais pu mener à bien :

« Alors c'était le soir et nous savions qu'il allait rentrer. Le silence, autour de la table. Un rire nerveux. Le bruit de sa mobylette. Et l'orage dans ma tête. Il était ivre. Ou faisait semblant. Bousculait une chaise, s'asseyait, demandait sa soupe. Et tout recommençait. »

Tout : l'horreur tous les jours. Je ne sais pas ce qui s'est passé, entre mes parents, je ne le saurai jamais. Je ne suis pas capable d'expliquer. Je n'en ai pas envie. Je n'ai pas voulu savoir qui avait tort, qui avait raison. Mon père buvait-il parce qu'il n'y avait plus d'amour entre eux ? Ou l'amour était-il mort parce qu'il buvait ? Un enfant ne peut pas se poser ces questions-là. Ce que je voyais, ce que je vivais, c'était ce mur de haine entre eux, ce gouffre où nous allions tous nous perdre. Tous les soirs, quand mon père rentrait, c'était la guerre qui reprenait : les cris, les insultes, parfois les coups, l'effroi qui nous glaçait, la descente au fond d'un cauchemar noir. Qu'est-ce qu'on pouvait dire, qu'est-ce qu'on pouvait faire, nous les enfants ? Cette haine, ce désespoir qui habitaient nos parents, comment lutter contre ça, comment faire que ça n'existe plus, que tout redevienne comme avant ? Qui avait la clé du paradis perdu, qui avait la baguette magique ? Le soir, nuit après nuit, dans le secret de mon lit, à la maison ou en pension, je répétais comme une incantation cette prière à laquelle je voulais croire : « Faites, Seigneur, que mes parents s'entendent. » Dans le noir, dans le vide, paroles dérisoires auxquelles je m'accrochais, pour me donner du courage. Mais rien, jamais, n'est arrivé. Toujours la guerre, toujours la haine.

Alors, pour survivre, pour se protéger, on s'est enfermés dans notre bonheur à nous, les enfants. Nos rites, nos jeux, notre monde enchanté. C'était une bulle de bonheur pour oublier, pour faire comme si. C'est ce que je me dis, aujourd'hui. Pour essayer de comprendre comment ça marchait dans notre tête. Comment l'enfance peut être à ce point coupée en deux, comme divorcée d'elle-même. Une frénésie de bonheur, goûter chaque minute de chaque jour. Et le monde qui s'écroule, chaque soir. Vivre intensément, tous ensemble, dans la chaleur de la tribu, quand tout n'est que cendres, au cœur même de la famille. Combien de temps tout cela peut-il tenir ? A quel prix, pour chacun d'entre nous ?

Le jour de ma communion solennelle, à dix ans et demi, avant de partir en pension, j'ai frôlé le gouffre de très près. C'était la fête, le grand soleil, toute la famille au grand complet était là, oncles et tantes venus de partout, mon parrain venu de Mortain, le fiancé de ma sœur Alice. C'était la dernière fête à Trans, avant mon départ en pension, à la rentrée. La grand-messe, les cadeaux, le repas, les rires, les blagues, tout ce qui circule dans une famille, connivence, histoires anciennes, souvenirs de Mortain, du Teilleul… J'étais heureux d'une façon presque insoutenable, c'était comme un adieu à mon enfance à Trans, sans rien de mélancolique : un passage, une autre étape, entouré de la chaleur de tous. Et puis, dans la soirée, mon père, ivre, s'est pris de querelle avec un oncle, il y a eu des cris, des gestes violents, un brouhaha de chaises renversées. La fête s'est brusquement terminée, les oncles et tantes sont partis dans un grand silence, mes frères et sœurs ne trouvaient plus les mots, c'était soudain comme un deuil, un enterrement. On est venu m'embrasser, me consoler, mais ça ne servait à rien, jamais je ne m'étais senti aussi désespéré, aussi glacé à l'intérieur. Je n'en voulais à personne, je ne savais pas qui maudire. Je savais seulement que quelque chose était fini. Et ma formule magique, ce soir-là, dans mon lit, et toutes les nuits à venir, ce ne sera jamais que du désespoir en plus.

Mon père m'était un étranger. J'aurais aimé l'aimer, mais comment faire si on ne sait presque rien l'un de l'autre, si on ne se connaît pas ? Je le voyais partir le matin avec les cantonniers, pour le chantier du jour. Au fil des années, il rentrait de plus en plus tard, le soir. Parfois très tard, quand nous étions déjà couchés. Pour éviter de rallumer la guerre, sans doute. Je ne crois pas avoir eu avec lui un seul bavardage d'enfant, une seule discussion d'adolescent. En tout cas, je n'en ai gardé aucun souvenir. J'ai cette image, précieuse entre toutes, d'un jeu, un soir, autour de la table de la cuisine, je devais avoir sept ou huit ans. Je courais autour de la table et mon père jouait à essayer de m'attraper. Il était assis sur sa chaise, il souriait, je courais et je riais comme un miraculé, comme quelqu'un qui ne croit pas à sa chance : jamais je n'avais ainsi joué avec mon père. J'aurais aimé que ça dure des heures, que ça recommence le lendemain et encore le jour d'après. Et puis, d'un seul coup, le charme s'est brisé : la guerre est repartie entre mon père et ma mère, les cris, les insultes. Le jeu s'est arrêté, comme un fil cassé net, et n'a jamais repris. C'était trop beau, aussi.

J'ai deux autres souvenirs avec mon père. Un jour, il est venu à Dinan pour nous rendre visite, à Jacques et moi. D'habitude, c'était ma mère qui venait. Oh, ces visites aux pensionnaires perdus de cafard dans les dortoirs ! Ma mère ne venait qu'à quelques reprises dans l'année, elle faisait le voyage avec le boucher de Trans, notre voisin, qui allait acheter des bêtes au marché de Dinan, le jeudi. Ce n'était que quelques heures, pas grand-chose, mais on en rêvait des jours à l'avance, on s'en souvenait pendant des jours et des jours. C'était à la fois intense et cruel : on savait que ça ne durerait qu'un instant, qu'on aurait d'autant plus le cafard, le soir, en pensant à Trans, la mai-son, la famille. A tout ce qui nous manquait. C'était comme un rappel du désespoir silencieux des jours de rentrée, après les grandes vacances : vos parents vous ont accompagné, ils ont porté votre valise dans le dortoir, ils ont fait le tour du pensionnat, ils se sont forcés à rire, à plaisanter. Et ils sont partis. Vous restez avec les autres, avec les orphelins des jours de rentrée. C'est la fin de l'été. C'est la fin des grandes vacances. Toute cette année de dortoir devant vous. L'automne, l'hiver, le froid, les réveils dans la nuit. Alors on se force à faire comme si, on lance un ballon dans la cour, on joue avec rage, presque avec colère, en attendant la sonnerie de la cloche et le premier repas au réfectoire, alors que là-bas, à Trans, il y a la soupe sur la table, sous la lumière de la suspension…

Un jour, donc, mon père est venu, en mobylette. Je devais avoir douze ans. On s'est promenés, Jacques et moi, dans les rues de Dinan, avec lui. C'était la première fois que je me promenais avec mon père, en dehors des rares fois où il se joignait aux balades familiales, à Trans. Il souriait, il avait l'air content de son coup. Il nous a emmenés dans un bistrot, il a pris, je crois, un verre de cidre. Il connaissait le patron, ils plaisantaient ensemble. Je suis incapable de me souvenir de quoi nous avons parlé. Des cours et des profs, je suppose, des matières qu'on préférait, ce genre de choses. Rien de personnel, sûrement. Ni de notre part, ni de la sienne. Une seule et unique occasion de mieux se connaître. Et voilà : rien. Deux heures, peut-être, à marcher dans les rues de Dinan, à boire au bistrot. Et voilà, c'est fini. Pour la vie. Sauf que c'était déjà quelque chose, d'être seuls, Jacques et moi, avec lui. C'était comme un rêve étrange, de marcher avec cet homme qui souriait et qui était notre père. Dont nous ne savions rien d'intime, de personnel. Pourquoi les choses se passent-elles ainsi ? Pourquoi votre père reste-t-il, jusqu'au bout, un étranger ? Pourquoi est-il cet homme qui part le matin sur les chantiers avec les cantonniers et qui ne rentre tard le soir que pour rallumer la guerre ? Je n'ai jamais pris de vacances avec lui. De toute façon, je n'ai jamais pris de vacances avec mes parents. Je ne les ai jamais vus prendre de vacances, partir quelque part en vacances. Des vacances en famille ailleurs qu'à Trans, je ne sais pas ce que c'est. Où serait-on allés ? Qu'aurions-nous pu nous payer ? C'est quelque chose que je lisais dans les livres : des départs en voiture, en train, pour se retrouver ensemble dans un hôtel, une location, au bord de la mer, à la montagne. C'était dans les livres. Ce n'était pas pour nous.

Plus tard, un ou deux ans plus tard, je suis allé voir mon père à l'hôpital de Saint-Malo, avec Jacques. Il était soigné pour une méchante blessure au pied, qui s'était réveillée. Jadis, à Meillac, à la ferme familiale, un cheval lui avait marché sur le pied. C'est cette vieille blessure qui s'était soudain infectée. Et là, ce jour-là, à l'hôpital, j'ai vu quelque chose d'étonnant, qui ne s'est jamais effacé de ma mémoire. Dans la chambre, il y avait plusieurs malades, des hommes de l'âge de mon père. Mon père nous les a présentés. Il s'est mis à blaguer, à rire avec eux. Et j'ai vu qu'il les faisait rire, qu'il était très populaire, qu'ils l'aimaient bien. J'ai gardé ça comme un secret en moi : mon père était drôle, il avait de l'humour, les gens l'aimaient bien. Je l'avais déjà entendu dire à Trans par les cantonniers, quelques bribes de confidences, comme quoi ils avaient du plaisir à travailler avec mon père. Ou par ceux du comité des fêtes, que mon père avait créé. Là, je le voyais, je l'entendais : je découvrais quelqu'un d'autre, qui m'était inconnu. A Trans, à la maison, c'était celui par qui la guerre arrivait. C'était les cris, les hurlements. Ici, dans cette chambre d'hôpital, c'était celui qui faisait rire, avec qui on aimait blaguer. Soudain, je voyais tout ce que j'avais manqué, tout ce qui m'avait manqué. Je ne connaissais pas cet homme-là, ce père-là. J'aurais pu rire avec lui, plaisanter, découvrir le monde avec lui. Mais non. Ça ne s'était pas passé comme ça. Et puis c'était trop tard. Les jeux étaient faits. A Trans, quand je revenais en vacances, c'était de pire en pire. On était prisonniers d'une histoire qui nous dépassait. Impossible de remonter le temps, de repartir de zéro, d'essayer autre chose, de casser cette mécanique qui nous entraînait, nous broyait. Je ne connaîtrais jamais mon père.

Ce que je savais de lui, finalement, c'était un lieu, une maison : Chantepie, à Meillac, près de Combourg. La maison de ses parents, de son enfance, où on allait souvent. Une maison d'une seule pièce, avec deux grands lits, une table, une cheminée. Et un appentis à côté, une espèce de grenier, où on pouvait dormir. On y allait souvent parce qu'y habitait toujours notre grand-mère, la mère de mon père. Le seul de nos grands-parents toujours vivants. Une adorable petite vieille toute rabougrie, drôle, pleine d'entrain. Je n'ai pas connu un seul de mes grands-pères, à cause de la guerre de 14 et de ses suites. Je n'ai pas connu, non plus, la mère de ma mère. A croire qu'on meurt jeune dans la famille, me disais-je. Avec ma grand-mère paternelle, à Chantepie, vivait aussi Rosalie, la sœur de mon père. Son frère Jean, qui était prêtre, y venait aussi très souvent.

Son autre sœur, Anne-Marie, s'était installée, après son mariage, à quelques kilomètres, à Combourg, dans une ferme en lisière du parc du château. Oui, celui de Chateaubriand. On allait souvent chez elle, pendant les vacances. On dormait dans le grenier, sur la paille. On gardait les vaches et les cochons. « Garder », en ce qui me concerne, est peut-être un bien grand mot. Je gardais les vaches d'un œil, en faisant autre chose. En lisant, en rêvant, en oubliant que je gardais des vaches. Lesquelles comprenaient vite qu'elles n'étaient que virtuellement gardées et s'échappaient tranquillement, paisiblement de la pâture. Le temps que je m'en aperçoive, elles avaient regagné l'étable. En tout début d'après-midi, ça se remarque, dans une ferme. Ce qui fait que j'avais vite acquis, disons, une certaine réputation. Avec les cochons, c'était pire : j'en avais une peur bleue. C'étaient des grosses truies, des truies gigantesques, méchantes, sadiques, qui cherchaient à me mordre les mollets. Pour leur échapper, je n'avais qu'une seule solution : grimper dans un arbre. J'avais l'air malin, dans mon arbre, à soi-disant garder des cochons qui se foutaient de ma gueule. Sinon, il y avait la moisson et, surtout, les repas de batterie qui duraient des heures, avec les fermiers des environs venus donner un coup de main.

De l'autre côté de la cour, c'était le parc du château. J'avais lu les passages les plus carabinés des *Mémoires d'outre-tombe*, le petit Chateaubriand tremblant de peur dans la tour du château, l'histoire du fantôme, de la jambe de bois. Je me sentais un peu de la famille à force de le voir, le château, au bout du parc. Je me sentais Chateaubriand. En plus, il avait fait ses études à Dinan, comme moi. Aux Cordeliers, comme moi. J'avais lu sous sa plume cette phrase mélancolique, où il disait son arrachement d'avoir dû quitter les lieux de son enfance, les bois de Combourg : « Tous mes jours sont des adieux. » Pourquoi faut-il dire adieu, dès son enfance, à tout ce qu'on aime ? Pourquoi les choses se défont-elles, pourquoi tout s'en va-t-il ?

Ma grand-mère, mon oncle et mes tantes : c'était la famille de mon père. C'était chaleureux, comme cette vieille maison pleine de souvenirs, d'histoires, de récits qui tissaient la légende familiale. On y parlait patois, c'était une autre langue, pleine de tournures, de vieux mots qui nous enchantaient, nous faisaient rire (aujourd'hui, ça s'appelle le gallo et c'est enseigné à l'université, parfaitement). C'était chaleureux, mais c'était aussi incroyablement lourd, pesant, étouffant, pour nous les enfants. A cause, justement, de tous ces souvenirs, de toutes ces histoires de famille. On ressassait, on rabâchait, toujours les mêmes histoires, les mêmes souvenirs. Il y avait de vieilles photos dans des cadres, sur le buffet, il fallait entendre raconter qui était qui, pour la centième, la millième fois. Cette famille, la famille de mon père, j'avais l'impression qu'elle ne s'intéressait qu'au passé, aux histoires du passé. Dans cette petite maison que pourtant j'adorais, avec son jardin sauvage, ses poules, ses lapins, j'avais l'impression que j'allais étouffer sous le poids du passé. Je me disais que plus tard, quand je serais grand, jamais je n'embêterais les autres avec mes histoires de famille, avec mes oncles et mes tantes, mes grands-mères, mes grands-pères, mes cousines ou mes cousins. Le résultat, c'est que j'ai fini par ne plus écouter ce qu'on me racontait. Et que je ne sais presque rien de l'histoire de ma famille, de mon père. Ça m'encombrait la mémoire, toutes ces histoires de vieux. J'ai fait le vide. Je m'en veux, aujourd'hui. J'en saurais peut-être plus sur mon père. J'aurais peut-être su comment lui parler, comment l'écouter. Trop tard.

Et puis, l'année de mes quinze ans, mon père est tombé malade. Le médecin de Pleine-Fougères est venu l'examiner, à la maison. Je ne sais pas ce qu'il lui a dit, ce qu'il a dit à ma mère. J'étais à Dinan, au pensionnat. J'ai su, simplement, que mon père ne pouvait plus se lever, qu'il fallait qu'il reste couché. Aux vacances qui ont suivi, je l'ai vu dans son lit, en bas, dans la « chambre des garçons ». J'ai trouvé qu'il avait l'air d'un vieillard. Il avait l'âge que j'ai aujourd'hui. Cinquante-trois ans. Il souriait, me disait que tout allait bien, qu'il serait vite sur pied. Mais on voyait de plus en plus souvent le médecin de Pleine-Fougères, qui avait l'air de plus en plus soucieux. Ce père qui nous était devenu, à nous, les frères et sœurs, de plus en plus étranger, qui était celui qui apportait la guerre, le soir, voici que nous avions envie de lui dire que nous l'aimions. Je me souviens que, cet été-là, j'étais allé dans un camp pour adolescents, avec Jacques et Bernard, dans les Pyrénées. Juste avant le retour, à l'heure de l'achat des souvenirs, nous avions discuté du cadeau pour notre père. Je crois bien que c'était la première fois qu'on lui achetait un cadeau. On avait choisi un beau couteau, solide, rustique, on se disait que ça lui plairait, qu'il aimerait avoir ce couteau dans sa poche. En fait, on avait surtout envie de croire qu'il s'en servirait, de ce couteau, qu'il en aurait l'usage pour des années et des années. Et donc qu'il vivrait. L'achat de ce couteau, c'était notre façon de nous dire et de lui dire qu'on l'aimait, qu'on ne voulait pas qu'il meure. On ne se le disait pas ouvertement, mais gauchement, maladroitement. Comme trois frères qui n'avaient jamais voulu parler, entre eux, du naufrage de l'amour, de la mort de l'amour, au cœur de la famille, entre nos parents. Qui gardaient le silence, qui souffraient en silence, chacun pour son compte, qui n'osaient pas parler de ce père qui s'éloignait, dont ils s'éloignaient. De retour à Trans, on lui a donné le couteau, comme un signe que tout allait recommencer, que tout allait changer, pour lui et pour nous. Il a souri, il a pris le couteau, mais son sourire disait que c'était trop tard.

Peu de temps après, un dimanche, le jour de son anniversaire, il a demandé à recevoir l'extrême-onction. Je me souvenais de l'époque où, enfant de chœur, j'accompagnais le recteur dans l'aube froide, sur des routes perdues, pour aller « porter le bon Dieu » dans des fermes déjà habitées par la mort. Cette fois, c'était chez nous. Mais je ne voulais pas y croire, je me disais que ça n'avait rien à voir. Mon père avait envie de voir le prêtre et de communier, voilà tout. Ça ne voulait rien dire de plus, me disait Jacques, pourquoi parler d'extrême-onction, de « sacrement des mourants » ? Je l'écoutais, je pensais comme lui. Après le départ du prêtre, mon père, redressé contre ses oreillers, nous a demandé de venir dans la chambre, de nous regrouper autour de son lit, nous tous, les enfants. Et à chacun d'entre nous, il a dit quelques mots d'adieu. C'est moi qui, aujourd'hui, écris « mots d'adieu », parce que, plus tard, c'est ainsi que je les ai compris. Mais, en ce moment précis, puisque c'était son anniversaire, mon père voulait simplement nous réunir autour de lui et dire à chacun d'entre nous comment il nous voyait, ce qu'il aimait en nous, en chacun d'entre nous. Jamais il ne nous avait parlé ainsi. Jamais il ne nous avait dit ce qu'il pensait de nous. Jamais il n'avait employé de tels mots. Nous étions là, autour de son lit, en ce dimanche d'été, à la fois gênés, mal à l'aise et bouleversés. On n'abusait pas, dans la famille, des marques de tendresse. On jouait ensemble, on discutait, on riait, on adorait se retrouver tous ensemble, au moment des vacances. Il y avait entre nous ce lien si fort de la tribu, il y avait ce bonheur de partager les mêmes rites, les mêmes histoires codées, la même mythologie. Mais, à cause de cette souffrance au cœur de la famille, de cette guerre entre nos parents, nous ne savions ni les mots ni les gestes de la tendresse. De l'amour. Et c'est lui, mon père, qui les trouve. Qui brise ce pacte du silence pour nous dire, simplement, ce qu'il a dans son cœur. Ce qu'il voulait dire, depuis si longtemps, à chacun d'entre nous. Cette scène, jamais je ne pensais la vivre un jour. J'avais lu des histoires de ce genre dans des livres, des illustrés, le père qui, à l'heure de sa mort, réunit ses enfants autour de lui. C'était du roman, de la fiction, ça ne pouvait pas arriver en vrai. Et voici que mon père, avec son sourire fatigué, sans doute aussi pour faire oublier le père lointain, étranger, qu'il avait été, trouve le courage de nous dire combien il nous aime, beaucoup mieux que dans les livres. C'est nous qui n'avons pas su lui répondre, trop interdits, trop bouleversés. J'en veux à mon père, pour tout ce qu'il ne nous a pas donné, pour cette violence dans la maison, pour tout ce qu'il a fracassé en moi. Mais je lui pardonne tout, pour ces mots qu'il a su trouver, en ce dimanche d'été, je lui pardonne tout.

Quelques jours plus tard, alors que nous sommes tous réunis dans la cuisine (sauf Henri, qui fait son service militaire à Dakar), Monique, qui sort de la chambre de mon père, nous crie : « Venez vite, il est en train de mourir. » Nous nous précipitons dans la chambre, autour de son lit. Mon père a les yeux fermés, les joues creusées, il respire par à-coups, de plus en plus difficilement, il ouvre la bouche et sort de sa bouche ce bruit terrifiant qui s'appelle un râle. Quelqu'un part chercher un prêtre, c'est le vicaire qui arrive, mon ancien instituteur. Il demande à mon père s'il est conscient, s'il peut l'entendre. Mon père fait oui de la tête. Le vicaire récite des prières. Mon père s'enfonce de plus en plus, les râles sont de plus en plus rapprochés. Nous sommes là, silencieux, debout autour du lit. Ma mère se tient face à mon père, au bout du lit, les mains posées sur le bois du lit. Elle le regarde intensément, sans bouger, sans rien dire. Je regarde ma mère, j'essaie d'imaginer à quoi elle pense, quelles images lui traversent l'esprit, quels souvenirs se bousculent dans sa tête. Oui, je la regarde et j'essaie d'imaginer. Elle doit se rappeler, me dis-je, leur première rencontre, leur amour, leur mariage, toutes ces années où ils sont été si heureux ensemble. Et puis les enfants, et puis la guerre à Mortain, ces jours d'enfer où ils ont cru mourir, le miracle de leur salut, le retour à Mortain, puis Le Teilleul. Puis l'arrivée à Trans. Et le début de leur enfer à tous deux. Oui, je la regarde, ma mère, et c'est comme si je lisais dans ses pensées, tandis que son mari, mon père, est en train d'agoniser, de mourir. Qu'est-ce qui s'est passé ? Pourquoi, soudain, ce basculement en enfer ? Les choses auraient-elles pu être différentes ? Ils se sont maudits, pendant des années, et la voici debout, les bras posés sur le bois du lit, en train de le regarder mourir. Cet homme qu'elle a tant aimé, qu'elle a tant haï.

Mais la mort est longue. Les râles sont de plus en plus horribles, j'ai presque envie de me boucher les oreilles, je suis glacé d'épouvante. Ma mère, alors, nous regarde, nous les plus jeunes, et nous demande de monter nous coucher. J'éprouve comme un lâche soulagement, aussitôt je monte dans ma chambre. Et c'est le trou noir. Tôt le matin, je descends. « Il est mort », me dit ma mère. Je vais le voir dans la chambre. Il a un œil légèrement entrouvert, qui me fait peur. Il est d'une maigreur que je n'imaginais pas. Il a l'air d'avoir quatre-vingts ans. C'est mon père, mort à cinquante-trois ans.

J'ai quinze ans. Mon père est mort. Je marche tout seul, dehors, sur la route de Pleine-Fougères, et j'essaie de comprendre ce qui se passe dans ma tête. Je devrais être submergé de tristesse, je devrais pleurer toute ma souffrance, mon désespoir. Ton père est mort. Tu es orphelin. J'ai beau me répéter ces mots, je me sens comme absent à moi-même. Je ne sais pas ce qui m'arrive, je ne sais pas qui je suis, en cet instant précis. Ou alors je découvre en moi quelqu'un qui me fait peur, qui me fait honte : je sais que ce ne sera plus l'enfer, le soir, à la maison, qu'il n'y aura plus de bagarres, plus de violence. Et, monstre d'égoïsme, je respire. Je sais, je ne devrais pas écrire ces mots. Mais pourquoi me mentir ? En même temps, j'ai cette image de mon père dans son lit, son sourire, ses mots d'amour pour chacun d'entre nous. Je repense à cette promenade dans les rues de Dinan, avec Jacques. A cette visite à l'hôpital de Saint-Malo. Je pleure la perte du père que j'aurais pu avoir. Je maudis l'univers entier pour cette injustice : mon père meurt au moment même où je comprends que j'aurais pu vraiment l'aimer, comme un fils. Tout arrive trop tard. Et je vais, maintenant, vivre avec cette blessure. Pire : tenter de faire comme si elle n'existait pas. Faire semblant. Garder le silence.

Nous nous relayons dans la chambre, pour veiller mon père. On ne laisse pas un mort seul. Quand c'est mon tour, je regarde ce corps, ce visage, ces mains blanches sur le drap blanc. C'est mon premier face-à-face avec la mort. Je me force à rester, je sens monter en moi une telle peur, une telle angoisse. Et puis, dès le deuxième jour, il y a cette odeur de cadavre. Ah, avoir quinze ans et sentir l'odeur du cadavre de son père. J'ai envie d'ouvrir la porte, de sortir dans la rue, de courir comme un fou. Mais quand son père est mort on ne court pas dans la rue. On marche les yeux baissés. On joue le rôle qu'attendent les gens du bourg, le rôle de l'orphelin.

Le jour de l'enterrement, l'église est pleine à craquer. Les gens sont venus de partout, du bourg, de la campagne, d'autres villages. Mon père était connu. Mon père était aimé. Plus qu'il ne l'était sans doute chez lui, dans sa maison. Au cimetière, debout devant la tombe toute fraîche, je repense soudain à nos jeux d'enfants, juste après notre arrivée à Trans. On allait, nous les petits, dans le cimetière, à la recherche des tombes d'enfants, pour voler les angelots posés sur les pierres grises. De minuscules angelots peints, qu'on trouvait adorables et qui rejoignaient nos collections de trouvailles, vieux jouets rafistolés, capsules, boîtes de conserve aux belles étiquettes, petites voitures, baigneurs en celluloïd… Le cimetière était un terrain de jeux. Le plus étonnant, le plus pittoresque des terrains de jeux. Mais me voici devant la tombe de mon père. J'ai perdu le secret du jeu. J'ai perdu l'enfance. Tous les jours sont des adieux.

Mon père est mort et il n'y a plus d'argent à la maison. Finis les cadeaux de Noël, nous dit ma mère. Pour s'en sortir, elle doit à son tour trouver du travail. Elle a élevé dix enfants dans des conditions matérielles plus que limites, elle n'a pas cessé de se dépenser, faisant bouillir le linge dans la lessiveuse, poussant sa brouette vers le doué, battant les draps dans l'eau froide, sarclant, bêchant dans le potager, nourrissant la basse-cour, préparant les repas, cousant, reprisant, tricotant, faisant le ménage, astiquant les balles de mitrailleuse et les obus sur le buffet, cirant la bande de parquet le long du mur dans la cuisine, sa fierté. Aujourd'hui, en plus de tout cela, il lui faut ramener de l'argent à la maison. Bien sûr, nous les pensionnaires, nous sommes boursiers, mais ça ne va pas chercher bien loin. Les aînés, Alice, Monique, Jean, Marie-Annick, Henri commencent à travailler. Mais ça ne suffit pas pour s'en sortir. Alors ma mère loue ses services, comme femme de ménage. Comme bonne. Dans le bourg, chez des commerçants. Elle plume la volaille au restaurant. Elle est employée au château, chez monsieur le Comte et madame la Comtesse. Elle si fière et qui nous apprenait la fierté. Pendant les vacances, je vais parfois la voir au château. J'ai du mal à m'y faire : c'est ma mère, là, un balai à la main, qui fait le ménage chez la Comtesse, qui s'occupe de ses enfants. Après tout le mal qu'elle s'est donné pour nous. Le soir, elle rentre à la maison à vélo, elle redevient notre mère, avec les mêmes corvées à faire.

Jamais elle ne parle de mon père. Jamais je ne lui en parle. Toujours ce silence. Quand je suis au pensionnat, je l'imagine, les soirs d'hiver, seule dans la maison vide et froide. Seule avec ses souvenirs. Et cette volonté, coûte que coûte, d'être heureuse. Malgré tout ce qu'elle a subi, tout au long de sa vie. Son père meurt très jeune. Sa mère se remarie, elle a deux demi-frères, une demi-sœur. Très tôt son beau-père meurt, puis sa mère. Et puis l'été 44, sa blessure à Mortain, les trois éclats de bombe. Et puis la guerre avec mon père. Et puis la mort de mon père. Mais toujours, partout, cette volonté d'être heureuse. Cet amour de la vie. Comment jouir de chaque instant de répit. Par exemple, à Trans, sortir la chaise sur le trottoir, aux beaux jours, pour prendre le frais, discuter avec les voisins qui ont sorti leurs chaises sur le trottoir d'en face. Tandis que, plongés dans nos livres, nos illustrés, nous profitons de ce moment de grâce, de ce moment béni, le doux bavardage de ma mère avec les voisins, un soir d'été. Ma mère a toujours parlé avec tout le monde, les commerçants, les voisins, les gens de passage, nos amis. Elle aime le soleil, les fleurs, elle aime lire, elle aime écrire. Recevoir une lettre d'elle, à Dinan, au pensionnat, c'est un moment de pur bonheur. Elle raconte Trans, les petites histoires du bourg, elle donne des nouvelles de la famille, elle parle du temps qu'il fait, elle est gaie, elle est drôle, elle donne envie d'aimer la vie.

Et maintenant elle est seule, à Trans (Bernard et Madeleine sont à leur tour en pension), et j'espère qu'elle a assez de force, assez de courage. C'est pour elle qu'on a fini par acheter la télévision, j'ai oublié quand exactement. Des années après la mort de mon père. Avant, on allait voir la télé chez une voisine, Mme Médard, qui vivait seule. Le poste était dans la cuisine, on avançait les chaises, on se serrait les uns contre les autres. On regardait des feuilletons comme *Belphégor* ou des films comme *Les Grandes Espérances* qui nous fichaient la trouille, on rentrait chez nous à toute vitesse, dans la nuit noire, des fois qu'on rencontrerait des fantômes. Sinon, en été, on allait voir l'arrivée du tour de France, les étapes de montagne, avec la musique de l'Eurovision, ta ta tatata ta ta... Jusqu'au bout, on s'est passé de téléphone. On allait chez le boucher à côté, on décrochait, on avait l'opératrice et on demandait le numéro. Pour se faire appeler, même chose : on demandait le 9 à Trans et le boucher venait taper à la porte. Qu'est-ce qu'il devait en avoir marre, à la longue, de venir taper à notre porte ! De nous servir de standardiste. Le vrai progrès, ça a été l'installation d'une douche avec eau chaude et de toilettes à l'intérieur. Il a fallu monter une cloison de plus dans « la pièce », de l'autre côté de « la chambre des garçons ». Enfin on n'avait plus à traverser la route de Pleine-Fougères, à se précipiter dans la cour pour s'asseoir dans la cabane en bois, à côté du poulailler.

Quand on se retrouve tous à Trans, pour les vacances, c'est toujours la fête. On a des milliers de choses à se raconter, des milliers de choses à faire, aussi. On continue nos promenades sans fin sur les petites routes, dans la campagne, on passe des après-midi entières dans la forêt de Ville-cartier, au bord de l'étang. On retourne sur les lieux magiques de notre enfance, ces vallées, ces clairières, ces rochers que nous avions baptisés de noms à nous, jadis. Mais c'est déjà de la nostalgie. L'enfance est finie. Le bonheur du jeu aussi. On s'y retrouve pour évoquer ces années-là, on n'arrête pas de dire « tu te rappelles… », on a des centaines d'histoires à se raconter, des histoires du temps passé. On ne guérit pas de l'enfance. On ne guérit pas du paradis terrestre. On voudrait que ça dure tout le temps, toute la vie. On voudrait vivre dans cette bulle, bien au chaud, qui nous ferait oublier le reste, l'enfer à la maison, le soir. Et puis la mort de notre père. Et ce silence, entre nous. Ce gros bloc de silence noir qui nous empêche de respirer.

Les vacances de Noël, bien sûr, sont les plus nostalgiques. Ces quelques journées de grâce sont tissées de rites, comme autant de fils qui relient à l'enfance. Et qu'on n'ose pas briser, pour prolonger le rêve. La crèche, construite chaque année avec des pierres trouvées en forêt, de la mousse. Toute une après-midi passée dans le froid, à cueillir le houx, jusqu'à se faire rattraper par la nuit. La quiétude de la maison, quand il fait froid dehors, que ronfle la cuisinière, et que tourne un disque sur l'électrophone. Et que le dortoir, alors, le dortoir noir, est à des années-lumière. La messe de minuit, bien sûr. Avant, quand on était petits, elle était précédée par une pièce de théâtre jouée par les jeunes de Trans, sous la direction du vicaire instituteur. Dans le bâtiment de l'école, une scène avait été montée dans une pièce contiguë à la salle de classe. Il y avait de somptueux décors peints sur d'immenses toiles. On amenait les chaises de l'église, pour permettre à tout le monde de s'asseoir. On jouait d'abominables mélodrames, qui nous faisaient pleurer toutes les larmes de notre corps. Après la représentation, chacun prenait sa chaise pour la ramener dans l'église. Et on enchaînait avec la messe de minuit. Il n'y a plus de pièce de théâtre. Mais on a gardé le rite de l'après-messe de minuit : un grand bol de chocolat chaud avec des biscottes. On n'a jamais fait de réveillon, jamais. Notre luxe, c'est ce bol de chocolat chaud et ces biscottes. Et la découverte des cadeaux : un ou deux livres, choisis et achetés par notre mère pour chacun d'entre nous.

Mais on grandit, on vieillit et on découvre le monde. Les aînés travaillent, Alice a déjà des enfants, et nous, les plus jeunes, on change peu à peu d'univers. Il y a les amis qu'on se fait, chacun d'entre nous, au pensionnat ou ailleurs. Les premiers voyages, les engagements des uns ou des autres, l'esprit qui s'agrandit, la conscience qui s'aiguise. L'irruption de la politique, l'ouverture aux autres cultures, au Tiers-Monde, à « la faim dans le monde », comme on disait alors. Trans, soudain, devient tout petit. L'horizon explose, ça craque de partout. Insensiblement, la famille bascule à gauche. Mon père était de droite, avec des convictions, des engagements. Famille nombreuse, catholique, donc de droite : c'était comme ça. Et puis voilà que ça bouge, que ça glisse, que ça se déplace. La guerre d'Algérie passe par là. C'est l'époque, ces années-là, où on devient grave, sérieux, où on se découvre des idéaux, où on vomit l'injustice et la bourgeoisie. A Trans, la bourgeoisie, on ne savait pas que c'était, on était tous pareils. Ou presque. A Dinan, au fil des ans, j'ai commencé à réaliser d'où je venais, ce que ça voulait dire un milieu social. Ceux qui étaient mieux habillés, qui avaient de l'argent de poche, dont les parents avaient des professions plus nobles. Moi, avec mes fringues recousues, rapiécées, mes culottes courtes ou mes pantalons hérités de mes frères, je me disais parfois que j'avais l'air d'un clown. Petites humiliations de pensionnat. Mais, au fond, je m'en foutais. J'avais trouvé, sans le vouloir, sans même m'en rendre compte, la parade impeccable : les prix d'excellence. J'avais découvert que j'étais bon en classe. C'est une expérience bizarre, de voir tomber les notes quatre étoiles et les prix d'excellence sous le regard des autres, alors qu'on ne s'y attend pas le moins du monde. J'ai l'air de faire du cinéma, mais je jure que c'est la pure vérité. Comment un petit gars de Trans, fils du chef cantonnier, aurait-il imaginé rivaliser avec les gens de la ville ? Et voilà, c'était ça, ma revanche : les jours de distribution des prix, dans la cour d'honneur des Cordeliers, entendre un notable, entouré de toutes les autorités de la ville et du département, annoncer : « Prix d'excellence, Alain Rémond, de Trans. » Ce qui me plaisait, c'était « de Trans ». C'était la revanche des bleds paumés, des trous perdus, de la campagne oubliée. Mais la vraie récompense, c'était celle-ci : ma mère, venue exprès de Trans, assise au milieu de tous ces gens bien habillés, qui entendait mon nom et qui me regardait descendre de l'estrade avec mes prix. Le regard et le sourire de ma mère, ce jour-là, dans la cour d'honneur des Cordeliers, à Dinan, jamais je ne les oublierai. On n'est rien, on n'a rien, mais on a le prix d'excellence, parce qu'on aime apprendre, étudier et que face au savoir l'argent ne sert à rien : voilà ce que je lis, dans le regard de ma mère. Je sais bien que c'est une histoire vieille comme le monde, une rengaine qu'on a lue cent fois, pour l'édification des foules. Je m'en moque : c'est mon histoire, c'est tout.

La grande affaire, en ce début des années soixante, à part la guerre d'Algérie, c'est la déferlante yé-yé. Salut les copains, Johnny, Sylvie, Françoise Hardy, Richard Anthony... Autant le dire tout de suite : mes frères et sœurs et moi, on n'est pas fans. Mais alors pas du tout. Ça nous paraît niais, simplet, débile. Mais surtout (et on n'est pas peu fiers du concept) : fondamentalement aliénant. Derrière cette déferlante, on débusque une manœuvre des marchands pour faire oublier à la jeunesse les vrais enjeux, les vrais problèmes, pour l'empêcher d'ouvrir les yeux sur l'exploitation de masse, les banlieues pourries, la misère du Tiers-Monde. La futilité du yé-yé, l'escroquerie de l'idéologie copains, voilà le nouvel opium du peuple ! Je suppose que tout ça, aujourd'hui, fait doucement rigoler. Les années soixante sont furieusement tendance. On cultive la nostalgie de l'époque. Insouciance ? Quelle insouciance ? Et pour qui ? Trente-cinq ans après, je n'arrive pas à être en désaccord avec l'adolescent que j'étais.

L'année de mes dix-huit ans, Trans, pour moi, s'efface un peu plus. Je pars vivre à l'étranger : Canada, Italie, Algérie. Cinq ans loin de ma famille, excepté des séjours d'un mois, en été. Un jour, peut-être, je raconterai ces cinq années. Peut-être. Pour l'instant, mon histoire, c'est Trans, c'est la famille. Loin de tout le monde, je vis de souvenirs. J'ai des milliers d'images dans ma mémoire, des bruits, des odeurs, je me fais des révisions, telle route, tel paysage, le Mont-Saint-Michel dans la brume, l'étang de Villecartier, le château de Combourg, la place de l'église à Trans, les commerces, l'école, la ferme où on va chercher le lait… Mes rêves, la nuit, sont hantés par les petites routes autour de Trans, je marche des heures et des heures sur ces petites routes entre La Boussac, Pleine-Fougères et Vieux-Viel. Surtout, il y a les lettres. On s'est toujours beaucoup écrit, dans la famille, ma mère et mes frères et sœurs. Les dernières années de pensionnat, avec Marie-

Annick, Madeleine et Agnès, on s'envoyait des lettres délirantes, sur la mode, l'air du temps, l'arnaque copains-yé-yé. Quand on se retrouvait, on se parlait de nos lettres, on les continuait par oral. Je les ai retrouvées, ces lettres, voilà quelques jours, au fond d'un tiroir, dans une boîte en carton. Je ne savais pas que je les avais gardées. J'ai commencé à ouvrir des enveloppes, à lire quelques feuillets. Mais je me suis vite arrêté. Impossible de replonger dans ces années-là, dans ce bonheur-là : trop brûlant, trop intense, insupportable. Et tout ce non-dit, derrière les mots. Tout ce qu'on ne voulait pas se dire. Qu'on ne voulait pas voir. J'ai tout remis dans la boîte en carton. J'ai refermé le tiroir. Un jour, peut-être…

Ce qui se passe, quand on est à l'étranger, qu'on reste des mois et des mois loin de la famille, c'est que les lettres se font plus personnelles, plus intimes. Comme on ne se voit plus, qu'on ne se parle plus, dans cette espèce de conversation ininterrompue depuis l'enfance, les lettres vont à l'essentiel. Loin de tous, j'ai cette sensation d'une vie qui continue en dehors de moi, mystérieuse, tissée de rites et d'habitudes auxquels je n'ai plus part. Doucement, je sens que je me détache d'un monde familier, quotidien, que je ne connaîtrai plus. Alors ces lettres inventent un autre lien, une nouvelle relation. On m'écrit comme à quelqu'un qui n'est plus dans la fusion de la tribu, qui vit autre chose, seul. Et moi, j'ai à la fois la souf-france de cette séparation et la conscience, encore confuse, d'exister pour moi-même, d'affronter ma liberté.

Quand je reviens, en été, c'est le bonheur de retrouver Trans, la maison, tout le monde. De me couler dans d'anciennes habitudes, les repas dans la cuisine, les grandes tablées, les discussions, les rires, les promenades en forêt. Comme avant. Mais non, pas vraiment : je me sens de passage, je sais que je vais repartir, je me trouve en décalage. Et puis la famille elle-même se métamorphose, elle n'est plus la même : au fil des années, les uns et les autres se marient, s'en vont. Voilà, c'est la vie. C'est ce qui se passe, dans les familles. Ce moment indécis, comme entre chien et loup, où une histoire se termine, une autre va commencer. Il va falloir être une famille autrement. Accepter de faire la part des souvenirs, de la nostalgie et se préparer à autre chose, qu'on devine à peine. Et puis le père est mort. Et puis la mère est seule.

Et puis, surtout, il y a Agnès. Je comprends peu à peu, au fil des lettres, qu'elle est malade. Pas d'une maladie du corps. Agnès est malade de l'âme, de l'esprit. Elle ne sait plus ce qu'elle veut, ce qu'elle vit, elle glisse peu à peu vers une absence à elle-même, à la vie. J'apprends un jour qu'elle est internée en clinique psychiatrique. Elle en sort. Elle y retourne. Elle alterne phases d'exaltation et de désespoir. Elle s'installe peu à peu en enfer. De loin, à distance, j'essaie de comprendre, de réaliser. Agnès avait toujours été, pour moi, celle qui riait, qui blaguait, qui débordait d'idées. Elle avait plein d'amis, elle était dynamique, elle voulait faire bouger les choses et les gens. On était tellement proches, tout les deux, tellement complices. On avait des discussions ininterrompues, passionnées. On avait les mêmes goûts, les mêmes dégoûts. Mais peut-être (me dis-je aujourd'hui) sa gaieté était-elle forcée. Peut-être son rire sonnait-il faux. Peut-être est-elle, parmi nous tous, celle qui a dû payer le prix de cette schizophrénie, en nous : entre le bonheur d'être ensemble, d'être à Trans, et ce trou noir du malheur, ce silence qui nous rongeait de l'intérieur, l'enfer à la maison. Peut-être Agnès a-t-elle payé pour nous.

De retour en France, un été, je vais la voir dans la clinique. Je ne la reconnais pas. Elle a l'air si seule, si angoissée, si totalement effrayée. Elle a ce regard qui lui mange le visage, cet appel des yeux comme pour dire faites quelque chose, aidez-moi, je vous en supplie, je ne sais pas où je vais, où je m'enfonce. J'ai envie de la sortir de cette clinique, de la sauver, de la protéger, je ne supporte pas ce regard. Mais pour faire quoi ? Pour l'emmener où ? Ma mère et mes frères et sœurs sont aussi bouleversés que moi, mais eux vivent sa souffrance au jour le jour, mois après mois. Et non, comme moi, de loin, à distance. Par des lettres. Je me fais l'effet d'un lâche. D'un planqué.

Parfois, elle va mieux. Elle reprend la vie d'avant, la vie normale. Elle travaille, elle voyage. Elle rit, s'emballe, s'enflamme. Et puis elle retombe. Clinique, médicaments. L'effroi, l'angoisse. Et la famille qui se sent coupable.

Au bout de cinq ans, je rentre en France, définitivement. Je m'installe à Paris, où je n'ai jamais mis les pieds jusqu'ici. C'est pour moi comme un no man's land : je reviens en France, mais loin de la Bretagne, de la famille. Je n'ai aucune idée de ce que sera ma vie. Mais j'ai besoin de cette distance pour me retrouver. Après, on verra. Mes premiers amis, à Paris, sont tous de la bonne bourgeoisie rive gauche. C'est juste après mai 68 (que j'ai vécu, moi, en Algérie). Eux, mai 68, ils en sortent, c'est leur épopée. Ils se sont bagarrés, ils ont rêvé, ils y ont cru. Je me plais bien avec eux, on a plein d'idées, on va faire, c'est sûr, plein de choses. Sauf que, tout de même, on ne vient pas de la même histoire. On n'est pas du même monde. Tout leur paraît facile, évident. Ils ont cette aisance naturelle que je n'avais vue, jusqu'ici, que dans les films. Ils ont de beaux et grands appartements, ils sont liés par toutes sortes de réseaux, ils sont du bon côté. Moi, au milieu d'eux, je me fais l'effet d'un plouc. On est à des années-lumière, socialement, culturellement. Je crois qu'ils n'imaginent même pas, qu'ils ne se rendent même pas compte. Ils ne voient pas que tout ce qui leur paraît normal, naturel, pour moi c'est de l'exotisme, c'est comme être dans un zoo. C'est bien autre chose que la distribution des prix dans la cour d'honneur des Cordeliers, à Dinan, ma mère au milieu de tous ces gens bien habillés. C'est carrément une autre planète. Il faut que je me pince, tous les jours, pour réaliser que je ne suis pas dans un film, dans un livre. Ce monde-là existe bel et bien. J'ai l'impression, au milieu d'eux, de faire de l'ethnologie. En même temps, ce sont mes amis. Et je vivrai avec eux une si belle aventure…

En juin, après les examens, je rentre en Bretagne. Après cette plongée dans la quintessence de la bourgeoisie, j'ai soif de talus, de chemins creux, de petites routes perdues, d'épiceries-buvettes et de fermes dans les blés. J'ai envie d'entendre parler patois, de voir trembler des gitanes maïs sous la moustache, de retrouver des gens normaux. Et puis je vais retrouver ma mère, ma famille, dans la maison, à Trans. Je rentre avec Bernard, qui fait un stage de facteur à Paris, et un de ses copains. On monte dans la 4 CV du copain, on passe le tunnel de Saint-Cloud, c'est le début de l'été, vivement qu'on arrive en Bretagne.

En fait, on n'arrive nulle part. A la sortie de Mortagne, vers Alençon, un mauvais virage, un mauvais coup de volant et voilà la 4 CV cul par-dessus tête dans le fossé. Et moi, dans les pommes. Je me réveille à l'hôpital de Mortagne, on me demande où j'ai mal, je réponds partout. Ce qui n'avance pas beaucoup le chirurgien des urgences. Heureusement, il a un boulot évident à faire, vu mon état : me recoudre le cuir chevelu. Je me suis fait un scalp de première catégorie, le cuir chevelu bien décollé sur l'os du crâne, ça saigne de partout, ça fait un mal de chien. On me bande la tête façon dessin animé, tout juste si on me voit les yeux, on me met dans un lit avec plein d'oreillers dans le dos pour me soulager la tête. Et on me dit bonne nuit. Moi, je crois que je vais mourir. Vraiment. J'ai tellement mal dans le dos que je ne peux plus respirer, je suis sûr que je vais y rester. C'est mon frère (qui, lui, s'en tire avec une fracture de l'épaule) qui sonne le médecin. Vite, une radio du dos : fracture de la colonne vertébrale. Comme quoi on aurait mieux fait de m'écouter, quand je disais que j'avais mal partout. On m'enlève immédiatement les oreillers, on m'allonge sur une planche. J'ai de la chance : la moelle épinière n'est pas touchée. Tout ce qu'il y a à faire, c'est d'attendre que ça se ressoude. Ça prendra le temps qu'il faudra.

Voilà : je passe une bonne partie de l'été 69 à

l'hôpital, puis en clinique. Je suis saturé de médicaments pour ne plus avoir mal, pour dormir.
Je ne peux rien bouger de mon corps, même pas
les bras. A l'hôpital de Mortagne, ma mère et
Agnès sont venues nous voir, Bernard et moi.
Elles m'ont demandé de raconter l'accident, ce
qui s'était passé. Je n'en ai pas la moindre idée :
j'ai une amnésie partielle. Je n'ai pas le plus petit
souvenir du voyage depuis Paris, ni de l'accident.
Quelques heures de ma vie effacées, pour toujours. Je ne m'en plains pas. Je trouve juste que ça
fait bizarre. Un trou noir.

A la clinique, au Mans, je suis seul. Je suis
en mille morceaux, mais je me sens en sécurité.
Je flotte dans un monde étrange, un entre-deux
bizarre. C'est l'été. Il fait chaud. On s'occupe bien
de moi. Je vis l'instant présent. Je n'imagine rien
après. Je suis là, c'est tout. Quand je commence
à aller un peu mieux, je lis les poèmes d'Emily
Dickinson, la nuit, avant de sombrer. On commence à me réapprendre les gestes, on me fait
asseoir dans mon lit, puis sur le bord de mon lit.
On me fait me mettre debout. Puis un pas, deux
pas dans le couloir. Puis des marches d'escalier.
J'ai peur, je crois que je vais me casser. Mais mon
corps tient bon.

L'été 69, dans cette clinique, comme un rêve,
la tête en feu, le dos dans un étau, la chaleur, la
rumeur au-dehors, les poèmes d'Emily Dickin-

son, je vogue en apesanteur. Me revient par à-coups cette image, ce flash dans ma tête : dans l'ambulance, juste après l'accident, au cours d'un bref moment de conscience, je me suis dit : je vais enfin savoir. Oui, me disais-je, je vais enfin savoir ce qu'il y a après.

A ma sortie de clinique, je me retrouve à Trans. Ce n'est pas vraiment le retour dont j'avais rêvé, pendant ces cinq années à l'étranger. J'ai tellement mal que je ne vois rien, je n'entends rien. Sorti de la bulle rassurante de la clinique, j'ai froid, je grelotte, mes nuits sont des cauchemars. Je n'ai pas envie de parler, de raconter, je tourne en rond, je me cogne contre les murs. Dehors, je marche en somnambule, je me sens si loin des arbres, des champs, des talus, j'ai l'impression de ne plus pouvoir toucher les choses. Jamais je n'ai eu cette sensation de distance, comme si j'étais un étranger, ici, à Trans, dans la famille. Il faut que mon corps se refasse. Il faut que je réapprenne le bonheur. Je ne sais pas si j'y arriverai. Ni combien de temps ça me prendra. Je n'habite plus mon corps. Je ne suis nulle part. Je ne suis personne. Je n'ai même plus l'éblouissement des souvenirs. Si au moins je pouvais dormir. Mais je sors en sueur de nuits glaciales où je n'ai fait que courir après des fantômes. Dites, tout cela aura-t-il une fin ?

Mais on guérit, bien sûr. A l'aveugle, à tâtons, en se cognant, en rechutant. Oui, on finit par guérir. On sort, peu à peu, du cauchemar. On ne sait pas comment ça s'est fait, comment c'est arrivé. Mais un jour, on comprend que c'est fini – même si rien, bien sûr, n'est jamais fini. On a soudain mille envies, mille désirs, on se saoule de projets, on est pris dans un tourbillon de rencontres, on se dit que tout est à nouveau possible. Ma chance, c'est le Paris du début des années soixante-dix, ce bouillonnement, cette effervescence d'après 68. Tout bouge, tout craque, on a tout à faire, tout à imaginer. Je me goinfre de politique, de cinéma, de musique, d'écriture, la vie est électrique, la vie est compulsive. Militantisme gauchiste, vie en communauté, bouddhisme zen, riz complet, baba-coolisme, manifs antifascistes, poésie, revues de cinéma… Paris est une fête. Et Trans me semble bien loin. J'y retourne de temps en temps. A

Noël, par exemple, où toute la famille se retrouve autour de ma mère. Mais je sens que je m'éloigne, que ma vie est ailleurs. Provincial à Paris, Parisien en Bretagne : curieux jeu de rôles, dont j'essaie de tirer le meilleur. Je me sens traître à une partie de moi-même, j'acquiers des réflexes, une façon de parler, de voir les choses qui sont d'un autre monde. J'ai de vieilles envies de province, certains soirs, des nostalgies qui me serrent le cœur : avoir du temps, fuir le clinquant, le toc, les effets de mode. Mais la peur, en même temps, de retrouver trop de fantômes, de me laisser entraîner vers ces histoires trop vieilles, trop mortes. A Paris, je m'invente ma vie. Même si je me sens, parfois, comme en transit. Pas d'ici, pas de là-bas. Ça me va.

Il y a une chose à laquelle je ne m'habitue pas : c'est de voir les pères de mes amis. De voir, parfois, l'un ou l'autre de mes amis avec son père. Je les regarde, je les écoute se parler, j'imagine leur complicité. Ils sont jeunes, l'un et l'autre. Je les regarde, je les écoute, je pense à toutes ces années qu'ils ont passées ensemble, à toutes celles qui les attendent. J'aimerais savoir à quoi ça ressemble. Qu'est-ce que ça fait d'avoir un père quand on a vingt ans, vingt-cinq ans. Plus qu'une souffrance, c'est de l'étonnement. Je les regarde comme s'ils jouaient dans un film. Comme s'ils n'étaient pas père et fils pour de vrai. Je trouve que ça fait bizarre, de les voir ensemble. La vie, la vraie, c'est celle que je vis. Il ne peut pas y en avoir d'autre. Seul, sans père.

Au printemps 72, en vacances dans le Massif central, je m'arrête un soir chez des amis, à Aurillac, juste pour une nuit. En fait, pour cause d'appendicite fulgurante, je vais être obligé d'y passer quinze jours, après une semaine d'hôpital. C'est là, chez ces amis, que je reçois, postée de Trans le 15 avril, une lettre de ma mère. Elle plaisante sur ce séjour forcé à Aurillac, sur ce qu'elle appelle ma « dernière équipée ». Puis elle ajoute (cette lettre aussi, je l'ai gardée) : « Il m'arrive une drôle d'équipée à moi aussi : je dois subir une intervention chirurgicale à la clinique de Combourg, pour cause d'ulcère à l'estomac. J'espère m'en sortir… Mais je ne serai pas à Trans avant une quinzaine sans doute. Bon, je m'arrête, je dois mettre la famille au courant de ce qui m'arrive. Je ne manquerai pas de visites à la clinique. Ça me fait une belle jambe ! »

J'ignorais qu'elle était malade. C'est vrai que ma mère n'est pas du genre à se plaindre. C'est vrai, aussi, que je ne la vois plus aussi souvent. Dès que je serai rétabli, j'irai la voir. Quelques jours plus tard, je reçois une lettre de mon frère Jacques. « Maman a dû t'écrire la semaine dernière qu'elle entrait au début de cette semaine en clinique pour se faire opérer d'un ulcère à l'estomac. Elle devait se faire opérer hier. Bernard m'a téléphoné tout à l'heure : les chirurgiens n'ont pas enlevé l'ulcère, parce qu'ils se sont rendu compte, sur la table d'opération, qu'elle était atteinte d'un cancer généralisé. Pas question d'opérer. D'après eux, il n'y a rien à faire. Ils lui donnent un délai de deux mois maximum. »

Je lis et relis sa lettre. Je butte toujours sur les mêmes mots : « cancer généralisé », « deux mois maximum ». Comment puis-je le croire ? Comment puis-je l'accepter ? Ma mère ne peut pas mourir, elle n'a pas le droit de mourir. Elle a à peine soixante ans, elle est forte, elle nous tient tous dans sa main, elle est la plus vivante de nous tous. Elle a droit à la vie, au bonheur, plus qu'aucun d'entre nous. Les choses ne peuvent pas se passer comme ça : une petite opération et la mort dans deux mois. C'est impossible. Les médecins disent n'importe quoi. Ils n'ont pas le droit. J'ai envie d'être avec mes frères et sœurs, tout de suite, de me sentir au milieu d'eux, comme pour empêcher ce qu'annoncent les médecins. En plus, m'apprend Jacques, les chirurgiens ont pris, seuls, la responsabilité de cacher la vérité à ma mère : ils lui ont dit qu'ils avaient enlevé l'ulcère, que l'opération s'était bien passée. Ils nous mettent, pour ainsi dire, devant le fait accompli. Condamnés à mentir, comme eux.

Je lis et relis ces deux lettres, celle de ma mère,

celle de Jacques. J'aimerais partir tout de suite, ne pas perdre une seule seconde de ce temps qui me semble soudain si précieux. Vite, aller à Trans. Retrouver la maison, ma mère, tout le monde. Mais je ne peux pas bouger. De toute façon, il n'y a personne à Trans. Ma mère, à sa sortie de clinique, s'installe à Saint-Brieuc, chez Jean et Denise. Pour ce qu'elle croit être sa convalescence. A Trans, la maison est vide. Et ma mère va mourir.

Enfin, je peux partir. Vite, à Saint-Brieuc. J'embrasse ma mère, je la regarde, je l'écoute. Elle rit, elle blague, elle raconte son « équipée », son opération, cet ulcère qu'on lui a enlevé. Elle dit qu'elle profite au maximum de cette période de repos, chez Jean et Denise, où on s'occupe d'elle, où elle n'a pas à faire la cuisine, le ménage. Bien sûr, dès qu'elle sera bien reposée, elle retournera à Trans et ce sera comme avant, la vie tranquille à Trans où, je le promets, je viendrai plus souvent. Je la regarde, je l'écoute, je ne sais pas si je vais arriver à mentir. Elle, elle ne joue pas, elle croit vraiment que tout va recommencer comme avant. Mais nous, ces quelques mois qui, d'après les médecins, nous restent à vivre avec elle, il va falloir qu'on triche. Est-ce seulement imaginable, de ne pas se parler à cœur ouvert, de ne pas être dans la vérité, quand la mort est si proche ? En même temps, elle rit, elle blague, elle n'a pas l'air de quelqu'un qui va mourir – et si les médecins se trompaient ? S'ils racontaient n'importe quoi ? J'ai envie de ne pas les croire. Après tout, les médecins se trompent parfois, ça arrive. Après tout, ma mère a déjà été gravement malade, au Teilleul. Et elle s'en est sortie. Alors, pourquoi pas cette fois-ci ? Pourquoi pas un deuxième miracle ? J'arrive presque à y croire. J'y crois, quand je la vois.

Le jour de la fête des mères, on décide de faire une grande réunion de famille autour d'elle, à Saint-Brieuc. Depuis la mort de mon père, on continuait à se retrouver tous ensemble à Trans, pour Noël. Je ne sais plus quel prétexte on a trouvé pour la convaincre que, cette année, ce serait mieux de se retrouver tous ensemble le jour de la fête des mères, à Saint-Brieuc. Et pas à Noël, à Trans. Pour nous, bien sûr, c'est l'urgence : ma mère ne sera sans doute plus parmi nous à Noël. Je commence à vraiment croire les médecins : ma mère est souvent fatiguée, découragée. Elle n'a plus cet allant, cette bonne humeur. Elle souffre. Elle est inquiète. Cette fête, tout le monde y sera. Même Marie-Annick, installée depuis son mariage au pays de Galles. Il a fallu trouver un autre pré-texte, pour justifier sa présence à une simple fête des mères. Marie-Annick sait qu'elle la voit sans doute pour la dernière fois. Ma mère, elle, ne le sait pas. Tout le monde y sera. Et d'abord Anne, que je présente à ma mère. Je lui en ai souvent parlé. Mais elle ne l'a encore jamais rencontrée. On doit se marier dans quelques mois. Pour Anne, de la voir, c'est vital. Et déchirant.

De la fête elle-même, je garde peu de souvenirs. Sinon de ce mélange, chez ma mère, de bonheur et de fatigue. Et, chez nous, d'une gaieté forcée, désespérée. La maladie se voit maintenant sur son visage. Dans ses gestes. On voudrait tous pleurer. On rit, on plaisante, on parle trop fort. Ma mère est avec nous mais déjà, dans son regard, un peu absente. Commence-t-elle à se douter de quelque chose ? Je n'en sais rien. Je la regarde et je ne veux pas penser aux jours à venir, aux jours qui restent.

En juillet, je tourne un film en Bretagne avec Yves, mon vieux copain du pensionnat. Et un troisième larron qui a l'avantage, à nos yeux, d'avoir, lui, une caméra. Un film bricolé, sans argent. Sans rien. Un film dont les bobines dorment aujourd'hui dans un grenier, quelque part en Bretagne. Venant de Paris, on s'arrête à Trans, pour y passer la nuit. La maison est vide. C'est la première fois, de toute ma vie, que je dors à Trans dans la maison vide. Je n'ai jamais eu jusqu'ici cette sensation. Avant, venir à Trans, c'était retrouver la famille. Au moins, de toute façon, ma mère. Cette fois, la maison est vide. Je la sens désertée, sans âme. J'ai envie de fuir, le plus vite possible, le plus loin possible. Je comprends que c'est la fin. Que plus jamais la maison ne sera notre maison. Celle de l'enfance, celle du bonheur et du malheur. C'est fini. Je me sens déjà étranger. Vite, partons. Cette maison sent la mort.

Notre film bricolé, on le tourne au sud de Saint-Brieuc, à une cinquantaine de kilomètres. Régulièrement, je monte chez Jean et Denise, pour voir ma mère. Elle souffre de plus en plus. Elle se demande ce qui se passe. Elle a hâte de rentrer à Trans, de retrouver ses habitudes, de se réinstaller dans sa vie. Mais elle sent bien que quelque chose ne va pas. Je me demande si elle est dupe de la fable des médecins, de celle que nous lui jouons. Jamais, pourtant, je n'oserai lui en parler franchement. On continue à faire semblant. Dans l'angoisse et la peur. Elle est maintenant presque toujours couchée. Elle n'a plus la force de plaisanter. Elle dit que c'est bien long, de se remettre d'une simple opération. Et elle me regarde : il faut que je la rassure, me disent ses yeux, elle me supplie de la rassurer. Ou bien veut-elle que je lui dise la vérité ? Je sors de la maison plein de rage et de honte. Je ne veux pas qu'elle meure.

Un samedi, sur le tournage, je me sens comme pris de panique. Une angoisse qui me serre la gorge, un pressentiment. Il faut que je parte, immédiatement. Tout le trajet, jusqu'à Saint-Brieuc, j'ai le cœur battant. Vite, vite, plus vite. J'entre dans sa chambre. Ma mère est vivante. Elle est couchée, elle souffre. Elle me dit qu'elle souffre, qu'elle ne comprend pas pourquoi. Mon oncle est là, à ses côtés. C'est le frère de mon père. Il est prêtre. Il lui dit des mots de consolation, qu'il croit être de consolation. Il lui parle de Dieu, du Christ sur la croix. Ma mère le regarde durement, je ne lui ai jamais vu ce regard. Elle lui dit qu'il peut garder son discours pour lui, qu'elle ne voit pas ce que Dieu vient faire là-dedans, que la religion, de toute façon… Je n'ai jamais entendu parler ma mère de cette façon, avec ces mots. Ces quelques mots qu'elle dit à voix basse à mon oncle et ce regard si dur, c'est comme si je voyais quelqu'un d'autre. Pas ma mère. La souffrance et la mort qui rôde, qu'elle sent rôder, la plongent dans ce grand silence, ce grand froid que je lis dans ses yeux. Mon oncle, désarçonné, bredouille quelques paroles, mécaniquement, et s'en va. Je reste auprès d'elle, sans savoir quoi lui dire, sinon ces mots maladroits d'un fils pour sa mère, qui veut lui dire combien il l'aime et qui ne sait pas comment lui dire. On est très fort pour les mots, dans cette famille. Mais s'est-on jamais vraiment parlé? Je rentre le soir sur le tournage, à la fois rassuré (j'ai tellement cru la trouver morte) et glacé d'angoisse : quel est ce pressentiment qui m'a fait me précipiter et rouler comme un fou ?

Le lendemain, en tout début d'après-midi, je vois arriver Madeleine : il faut immédiatement aller à Saint-Brieuc, elle est en train de mourir. J'entends cette phrase dans ma tête (elle est en train de mourir) tout au long des cinquante kilomètres. Je ne pense à rien d'autre. Je ne veux penser à rien. J'arrive trop tard. Ma mère vient de mourir. Ses derniers mots, me dit Jean, ont été pour Agnès, qui était près d'elle. Agnès qui lutte contre sa propre souffrance, contre cette ombre qui l'envahit. Je regarde ma mère, je repense à notre conversation d'hier, à ces pauvres mots que nous avons échangés. Je me serais maudit toute ma vie si je n'étais pas venu, si je n'avais pas eu avec elle cette dernière conversation. Elle vient de mourir, elle pourrait être encore vivante, je guette absurdement un signe, un tressaillement, un souffle de respiration. Non. C'est fini. Ma mère est morte. Elle a soixante ans. Mon père est mort voilà exactement dix ans. J'ai vingt-cinq ans. Je n'ai plus de parents. Tout cela se bouscule dans ma tête, des dates, des chiffres. Je ne la reverrai plus jamais. Ma mère est morte. C'est fini. Ma mère ne vivra plus, ne jouira plus de la vie. De sa vie. Le soleil, les fleurs, le jardin, les voisins, les conversations à la fraîche, en été, les repas, les fous rires, la basse-cour, les papotages chez les commerçants, les passages des uns et des autres, les vacances, la bande de parquet ciré dans la cuisine, le coup de chiffon sur les obus, le bouquet de fleurs sur la table. La vie. Je sors de la maison, je marche droit devant moi et je pleure. Ma mère n'avait pas le droit de mourir. Elle aimait trop vivre. Elle avait des années de bonheur devant elle, à Trans. Ma mère est morte. Je ne peux pas l'accepter. Je n'ai rien d'autre à dire.

On se retrouve tous, les frères et sœurs. Il faut se tenir chaud. Il faut se préparer à l'enterrement. Et au grand vide, après. Sans parents, qu'est-ce qu'une famille ? Qu'est-ce qui fait tenir une famille ? Plus de fête tous ensemble, chaque année. Plus de visites à Trans. Plus de vacances à Trans. Les parents, c'est l'histoire de la famille. C'est notre histoire. Mon père mort, ma mère jouait seule ce rôle : le repère, le point fixe, ce qui fait que tout a un sens. On sait qu'elle est à Trans, qu'elle nous attend, qu'on ira la voir. On se retrouvera autour d'elle. On rira, on plaisantera, on se promènera avec elle, en forêt, à l'étang de Villecartier. On ira dans la cour, on donnera à manger aux poules et aux lapins. On la regardera préparer la soupe, le soir, en discutant avec elle des petites choses de la journée, des minuscules aventures de la vie. Ma mère est morte. Et nous sommes seuls.

Nous voici à Trans, pour l'enterrement. Voilà dix ans, c'était pour l'enterrement de mon père. On se retrouve à la maison, mais chaque pièce, chaque meuble, chaque objet est un adieu. Cette maison, ce n'est plus la nôtre. L'ombre de ma mère est partout, sa voix, ses silences. Sans elle, cette maison est morte. Nous nous serrons dans la maison, nous parlons, nous faisons du bruit, mais nous savons que nous allons en être chassés, comme du paradis terrestre.

L'église est pleine, comme pour mon père. Tous ces gens de Trans, ou venus des villages alentour, je les ai un peu perdus de vue, je ne les connais plus très bien. J'ai l'impression de me retrouver en les retrouvant, de renouer avec ma vie à Trans, tous ces visages de paysans, d'artisans, ces camarades de l'école qui ont vieilli, qui sont devenus des hommes. Et en même temps, je sais que cette messe est un adieu à Trans, que la page est tournée, que je ne serai plus qu'un passant à Trans. Cette église où j'ai fait mes débuts d'enfant de chœur, où j'ai servi la messe, les vêpres, les complies tant et tant de fois, je m'y sens déjà étranger. Et cette pesanteur de l'office d'enterrement, cet épouvantable rituel de mort, si solennel, si morbide, quelle chape de froid soudain sur les épaules, quel froid glacial dans tout le corps. Je sens derrière moi toute cette foule d'hommes et de femmes en noir qui sont venus saluer ma mère et c'est une présence qui réchauffe, qui réconforte, mais je sais bien que c'est aussi un adieu à la famille, notre famille, qui fut, pour quelques années, de Trans.

Dans le petit cimetière à la sortie du bourg, on enterre ma mère à côté de mon père, dans la même tombe. Les voici réunis dans la mort, eux qui se sont tant aimés puis tellement haïs. Je ne sais pas ce qu'était devenu, chez ma mère, au fil des années, le souvenir de mon père. Je ne lui en ai jamais parlé. Cette guerre entre eux, je n'ai jamais pu en parler. C'était comme un gros bloc de pierre, impossible à remuer. Alors on se tait. On laisse faire le silence. On espère que, peu à peu, le gros bloc de pierre bougera de lui-même. Mais les années passent. Et il est trop tard.

Dans ce petit cimetière où, voilà des années-lumière, je volais des angelots sur les tombes des enfants, les voici enterrés côte à côte, mon père et ma mère. Et notre enfance aussi, enterrée avec eux.

Un jour, il faut faire le deuil de la maison. Aller de pièce en pièce, une dernière fois. Ouvrir les armoires, les placards, tirer les tiroirs, une dernière fois. Fermer les yeux et rêver à ce que fut la vie ici, tous ensemble, les rires, les repas, les amis, les retours en vacances, les nuits à lire, à discuter. Et puis les cris, les coups, le soir, quand mon père revenait. Monter dans le grenier, une dernière fois, où nous avons tant joué, au milieu des harnais, des colliers de chevaux de trait, à des jeux magiques et mystérieux qui étaient comme notre deuxième vie cachée. Un dernier salut à ma chambre sans fenêtre, où j'étais, en vacances, comme dans une bulle de bonheur. Et puis sortir par la porte de derrière, traverser la route de Pleine-Fougères, pousser la petite porte, entrer dans la cour. Et recevoir en pleine figure tous ces souvenirs de jeux ensemble, être accueilli par les rires et les menus bavardages des enfants que nous étions alors, entre les poules et les cages à lapins. Dire adieu, encore, même si c'est impossible, parce qu'on ne dit pas adieu à son enfance, on vit avec elle chaque jour de sa vie.

La maison, c'est fini : on a décidé de la vendre. Une décision comme il s'en prend dans les familles, quand les parents sont morts. Voilà, on vend. Chacun prend ce qu'il veut, selon un partage équitable. Une armoire, un lit, une table. Je ne prends rien. Je ne veux rien. La maison de Trans, je l'ai tout entière dans ma tête. Mais je ne veux pas que d'autres l'achètent, y habitent, y vivent, la peuplent de leurs rêves, de leurs jeux, de leurs habitudes. Je ne peux pas le supporter. En fait, si, j'ai pris quelque chose, dans la maison, à Trans : la grande photo de mariage de mes parents, dans le cadre d'origine. Je l'ai devant moi, sur mon bureau. J'ai beaucoup de mal à la regarder. Ils sont si jeunes, si beaux, si fragiles dans leur demi-sourire au photographe, à leur future vie ensemble. Le cadre est déglingué, la photo est tachée, abîmée par endroits. Je ne veux pas y toucher, la restaurer. C'est la photo d'un bonheur abîmé. C'est la photo de mes parents.

Voilà, c'est fini. Un jour, j'apprends que la maison est vendue. Je ne sais pas qui l'a achetée, qui s'est installé dedans, qui s'y fabrique désormais des souvenirs, je ne veux pas le savoir. Parfois, en retournant en Bretagne, chez mes frères et sœurs, il m'arrive de passer par Trans. Mais je ne peux pas m'arrêter devant la maison, je ne peux pas la regarder. Je nous vois assis sur le trottoir, le dimanche soir, en train de lire nos romans d'aventures ou nos illustrés, pendant que ma mère discute avec Mme Boucher, de l'autre côté de la rue. Mme Boucher est mercière, elle vend des boutons, du fil, des bas, des mouchoirs. Son mari est cordonnier, quand on entre dans son atelier, on est saisi par l'odeur du cuir, de la colle, mêlée à celle de sa gitane maïs. C'est chez Mme Boucher qu'il y a le dépôt de livres, une petite bibliothèque de campagne. Les romans et les bandes dessinées sont rangés sur deux rayons, entre les boîtes de bobines de fil et de boutons. Pour faire provision de livres, on n'a qu'à traverser la rue. On est tout le temps fourrés chez Mme Boucher. C'est cette image qui me poursuit quand je traverse la rue, à Trans, sans regarder la maison où vivent des étrangers, des usurpateurs. Le bonheur de lire, le soir, sur le trottoir et le chant de la conversation entre ma mère et Mme Boucher. C'est comme un coup de poignard, ça me traverse de part en part, je ne peux pas m'arrêter devant la maison, il faut que je file, vite.

A Paris, la nuit, je rêve souvent des petites routes autour de Trans, toutes ces routes que nous avons parcourues, nous les enfants, sillonnant notre royaume imaginaire. Dans mes rêves, c'est comme un labyrinthe, je marche sans répit, je me perds, je tourne en rond, j'hésite à chaque carrefour, je prends la mauvaise direction. J'ai perdu la clé. Je rêve de ma mère aussi, bien sûr. Elle est vivante, elle est à Trans, je rentre en vacances, je pousse la porte et elle m'attend, assise à la table de la cuisine, en train de coudre, de repriser. Mais en même temps je sais que c'est faux, qu'elle n'est pas là, tout bascule dans la peur et l'angoisse, ma mère est un fantôme, aucun mot ne sort de sa bouche, je pleure en silence.

J'ai épousé Anne quelques mois après la mort de ma mère et rien ni personne, jamais, ne pourra racheter cette injustice : l'absence de ma mère à notre mariage. Il faut que je m'habitue à ne plus avoir de parents. Il faut que j'oublie que j'aurais pu venir à la maison, à Trans, avec Anne. Il faut que j'oublie ce qu'elles auraient pu se dire, Anne et ma mère, rien qu'elles deux, en secret. Il faut que j'oublie la vie à Trans.

De toute façon, je deviens parisien. J'ai besoin d'échappées en Bretagne, chez mes frères et sœurs, mais ce n'est plus chez moi. Chez moi, c'est Paris. Où je continue pourtant, pendant de longues années, à me sentir décalé, déphasé. En Bretagne, je ne parle presque jamais de ma vie à Paris. C'est tellement un autre monde, une autre histoire. J'aime revenir en Bretagne pour retrouver les arbres, les talus, la lumière, les gens au marché de Dol, leurs mots, leurs gestes. Mais ma vie est à Paris. Le tourbillon de la vie.

Mes frères et sœurs, eux, viennent rarement à Paris. Celle qui y séjourne le plus souvent, c'est Agnès. Mais c'est parce qu'elle est perdue. Depuis la mort de ma mère, elle alterne séjours en clinique psychiatrique et essais de vie « normale ». Elle plonge dans le désespoir le plus total puis connaît des périodes de folle exaltation. Voilà quelques années, elle pouvait encore travailler, même si c'était cahin-caha. Aujourd'hui, c'est impossible. Elle est constamment sur le fil, au bord du précipice. Elle cherche quoi faire de sa vie, entre soif d'absolu et peur de la déchéance. Elle s'approche un temps d'une communauté religieuse, fréquente d'un peu trop près une secte, s'en écarte au dernier moment. Elle est perdue avec elle-même, perdue avec le monde. Elle exige trop d'elle-même, trop du monde. Agnès, tellement drôle, tellement passionnée, tellement généreuse, quand nous étions enfants, adolescents. Agnès avec qui je ne trouve plus les mots, que je vois s'échapper, s'enfoncer, sans pouvoir rien faire. Et je m'en veux de ne pouvoir rien faire. Il faut la sauver. Mais je ne sais pas comment. Je ne sais pas si c'est seulement possible. En Bretagne, mes frères et sœurs font de leur mieux et désespèrent. Quand elle vient à Paris, je me sens criminellement impuissant.

Un soir, à la fin d'un de ses séjours chez nous, Anne, rentrant de son travail, la découvre inconsciente, allongée dans la cuisine, près du four à gaz qui siffle. Quand j'arrive à mon tour, les pompiers sont là, ils me disent qu'elle est vivante, qu'ils vont l'emmener à l'hôpital. Ils me tendent une lettre qu'elle a laissée sur la table. Elle dit qu'elle ne veut pas retourner à la clinique. Qu'elle préfère mourir. Je monte avec elle dans l'ambulance, je suis incapable de penser à quoi que ce soit, je suis dans l'ambulance avec Agnès et c'est tout ce que je sais. Je suis à côté d'elle quand elle reprend conscience, à l'hôpital, après avoir été mise hors de danger. Je la regarde. Elle me regarde. Je n'arrive pas à prononcer un seul mot. Celui qui me bouscule les lèvres, qui me cogne dans la tête, c'est : pourquoi ? Mais je ne peux pas le dire. Peut-être parce que je ne veux pas entendre la réponse. Nous nous regardons dans cette chambre d'hôpital. Elle revient de la mort. Mais comment lui dire bienvenue dans la vie, quand je vois dans ses yeux qu'elle est encore dans la mort ? Nous nous regardons longuement, une éternité. C'est toute notre vie qui passe dans cet échange de regards, l'enfance, les jeux, les rires, tout ce que nous avons fait ensemble. Nos rêves – ah, nos rêves ! Tout ce que nous ferions, quand nous serions grands. Agnès, ne t'en va pas, reste avec nous. S'il te plaît.

On trouve une nouvelle clinique, près de Paris, le temps qu'elle récupère, qu'elle reprenne pied dans la vie. C'est une belle clinique, dans un grand jardin. Mais ce sont toujours de belles cliniques et toujours de grands jardins. C'est ce que me dit le regard d'Agnès, quand je lui dis au revoir, qu'elle me fait un petit signe de la main : qu'est-ce que je vais faire dans cette belle clinique, dans ce grand jardin, qu'est-ce que ça va changer pour moi ? J'ai retrouvé une lettre qu'elle m'avait envoyée, un an plus tôt, d'une autre clinique. Elle m'écrivait : « Si tu as une idée lumineuse pour me sortir de ce merdier de bordel de merde… Là où je suis, c'est pas joli. » Non, je n'ai pas d'idée. Je me fais l'effet d'un salaud en la laissant dans cette clinique. Mais je ne sais pas quoi faire d'autre. Peut-on faire quelque chose d'autre ? Quelqu'un peut-il me le dire ?

Agnès, un jour, sort de cette clinique. Elle repart en Bretagne. Tente de vivre, enfin. Puis entre dans une autre clinique, où elle a déjà passé des jours, des semaines, des mois. Elle en sort. Vient à Paris. Puis retourne dans la clinique, avec son grand jardin.

Un soir, en mars 79, je reçois un coup de téléphone de Madeleine : la clinique vient de la prévenir qu'Agnès, la veille au soir, n'est pas rentrée. Elle est allée faire une promenade, comme souvent. Elle devait rentrer en fin d'après-midi. Mais on ne l'a pas revue. La clinique a prévenu la police, les pompiers. Ils ne l'ont pas trouvée. Rien. Aucune trace. Aucun indice. Je me dis qu'elle a peut-être pris le train pour Paris. Qu'elle est peut-être à Montparnasse, malade, perdue. Je prends ma voiture, je fonce à Montparnasse. Je fouille la gare de fond en comble, je guette l'arrivée des trains, j'attends sur le quai, je retourne dix fois, vingt fois, dans les salles d'attente, le bar-buffet. Ce que je fais n'a aucun sens, je le sais bien, mais comment rester à attendre, sans rien faire ? Le lendemain matin, je prends le premier train pour Rennes. Voyage interminable, tout ce temps perdu alors qu'il y a urgence. Et, en même temps, délai de grâce avant l'inéluctable, que je pressens. A Rennes, je retrouve Jean et Bernard. Nous allons aussitôt à la clinique, où on nous dit qu'il n'y a rien à faire, que les recherches ont cessé, qu'on ne la retrouvera pas. Alors nous décidons d'aller nous-mêmes à sa recherche, en maudissant ces incapables qui baissent les bras, qui se résignent. Une rivière traverse le grand jardin de la clinique, puis continue à travers les bois et les champs. Sans trop réfléchir, parce qu'il faut bien commencer par un bout, nous suivons la rivière. Au-delà du jardin, quelques centaines de mètres à peine, nous passons sur un pont. Instinctivement, nous regardons l'eau, au-dessous. Là, au milieu de branchages retenus par des herbes, une tache de couleur. Le cœur nous saute à la gorge : le manteau d'Agnès. Nous regardons plus attentivement, peut-être est-ce un simple bout de chiffon, un morceau d'étoffe tombé dans la rivière. Nous nous penchons, nous regardons. Et nous croyons mourir : oui, c'est le manteau d'Agnès. C'est Agnès, retenue par les branchages, au milieu de la rivière. Nous sommes incapables de bouger, de parler. L'un de nous a d'abord dit, à voix basse : « On dirait Agnès. » Les autres ont dit : « Tu crois ? » Puis : « Oui, c'est elle. » Nous restons sur le pont, hypnotisés, pétrifiés. Mais il faut bouger, faire quelque chose, prévenir. Nous traversons le pont. En amont, sur le bord de l'eau, comme une petite crique, nous voyons soudain un parapluie ouvert, posé sur le sable. Le parapluie d'Agnès. Elle est venue jusqu'ici, sous la pluie. Elle a posé son parapluie sur le sable. Elle est entrée dans l'eau. Elle s'est laissée emporter. Je pleure, en voyant ce parapluie, j'ai envie de hurler, je ne veux pas imaginer Agnès entrant dans l'eau, se laissant emporter.

Ces secondes où nous restons là, figés, au bord de l'eau, nous semblent une éternité. Puis, d'un seul coup, d'un même mouvement, nous partons, nous courons vers la clinique. Nous bougeons comme dans un rêve, un cauchemar, ça ne peut pas être nous, ici, sur le bord de cette rivière, ça ne peut pas être Agnès, au milieu de cette rivière. Comme si c'était quelqu'un d'autre en nous qui parlait, nous prévenons la directrice, qui n'a pas l'air de nous croire. Alors nous appelons nous-mêmes les pompiers, qui, eux, ne nous croient pas du tout : ils ont fouillé, cherché, ils n'ont rien trouvé, nous devons confondre, ce n'est qu'un morceau d'étoffe, nous devrions nous calmer, leur faire confiance. Le cauchemar continue : pourquoi faut-il que nous soyons là, au téléphone, à essayer de convaincre des pompiers que c'est bien notre sœur que nous venons de voir, noyée dans la rivière, pourquoi faut-il que nous soyons obligés de donner des détails, de nous justifier, alors que nous n'avons qu'une envie, partir, vomir, nous cacher n'importe où ?

Enfin ils se laissent convaincre et nous les retrouvons sur le pont, regardant, comme nous tout à l'heure, cette tache de couleur au milieu des branchages. Ils prennent une longue gaffe et tentent de dégager puis d'agripper cette étoffe de couleur. Ils écartent les branchages et voici qu'apparaît Agnès, le corps d'Agnès, cette fois c'est sûr, il n'y a plus de doute possible, Agnès serrée dans son manteau. Mais ils s'y prennent mal, et Agnès, dégagée des branchages, est emportée par le courant, passe sous le pont, descend au fil de l'eau, doucement, heurtant les herbes et les roseaux, Agnès noyée s'échappant, disparaissant, tache de couleur portée par la rivière. Les pompiers courent sur la rive, des gens sont là, des badauds, qui regardent, montrent la rivière du doigt, commentent, bavardent, s'interpellent, j'ai envie de hurler partez d'ici, foutez le camp, c'est ma sœur qui est morte, c'est ma sœur qui s'est tuée, partez, vous n'avez rien à faire ici, laissez-moi, laissez-nous avec elle.

Finalement, au pont suivant, les pompiers parviennent à l'arrêter, à l'agripper puis à la hisser. La voici, gisant à leurs pieds, à nos pieds, Agnès qui est morte et que je ne peux pas regarder. Non, pas son visage, impossible, je ne peux pas, je ne veux pas. Nous voici, tous les trois, Jean, Bernard et moi, incapables de la regarder, de nous regarder. Heureusement, après tout va très vite, une série de gestes techniques, professionnels, le corps d'Agnès emporté par les pompiers jusqu'à l'ambulance, tout va très vite, il ne faut pas rester là, il faut oublier les badauds qui regardent, qui attendent, il faut partir, vite.

Il y aura l'autopsie, la liste des médicaments absorbés. Il y aura les gendarmes, les papiers, les démarches. Se retrouver, une fois de plus, entre frères et sœurs parce qu'il y a un mort dans la famille. Penser à l'enterrement. Préparer l'enterrement. L'Église autorise-t-elle les messes d'enterrement pour les suicidés ? Le recteur de Trans, qui m'a vu servir la messe, qui nous connaît tous, qui connaissait Agnès, ne se préoccupe pas de la doctrine de l'Église. Et nous nous retrouvons, une fois de plus, à l'église de Trans, pour un enterrement. Mais cette fois, c'est l'un d'entre nous, les enfants, qui est mort. C'est Agnès, la plus fragile d'entre nous. Qui a souffert plus qu'aucun d'entre nous. Qui aimait tellement la vie, le bonheur. Et à qui la vie, le bonheur ont été refusés. Agnès vers qui ma mère, juste avant de mourir, a tendu les bras. Pourquoi elle, pourquoi cette main du malheur posée sur sa tête ? Pourquoi n'avons-nous pas su la protéger du malheur ? Qu'aurions-nous dû faire ?

Nous l'enterrons au petit cimetière de Trans, à

côté de nos parents et c'est trop d'amour et de manque d'amour, ces trois tombes l'une à côté de l'autre. Il y a maintenant, au cimetière de Trans, ces trois noms inscrits sur trois pierres tombales : Henri Rémond, Angèle Rémond, Agnès Rémond. Je n'y vais presque jamais. Je n'aime pas déposer des fleurs sur les tombes, rester debout devant les tombes, regarder ces trois noms sur les tombes. Je maudis la mort, je maudis les tombes.

J'ai ces photos, que je regarde furtivement, que je ne peux regarder que furtivement. Ces photos du bonheur à Trans, dans la cuisine ou devant la maison, un jour de grand soleil, ou au bord de l'étang de Villecartier, en forêt. Nous les enfants, soudés par notre histoire, depuis Mortain, l'aventure de la guerre, du débarquement, jusqu'au paradis des jeux, des rêves, des rites et des secrets. Ma mère au soleil, qui caresse le chien. Et puis cette photo de mon père, peu de temps avant sa mort, dans un costume noir, un peu à l'écart du groupe familial. Il sourit, il essaie de sourire, on voit déjà l'ombre de la mort sur son visage, mais il sourit bravement, mon père que je n'ai pas su aimer. Ces derniers temps, j'ai rêvé de lui, souvent. Dans mes rêves, il est à la maison, à Trans, il m'attend, il attend quelque chose de moi. Il a l'âge qu'il avait à sa mort, j'ai l'âge que j'ai aujourd'hui. Nous avons donc exactement le même âge : cinquante-trois ans. Nous sommes seuls, je suis gêné de le savoir là, je ne sais pas quoi lui dire, j'ai peur que recommencent les scènes que j'ai connues, enfant, quand il se battait avec ma mère. Il attend, il compte sur moi, il est confiant. Et moi je me demande : que dois-je faire de lui ? Que dois-je faire de mon père ?

J'ai écrit ce livre pour en finir avec la guerre. La maison de Mortain a été détruite, la maison du Teilleul a été détruite, la maison de Trans a été vendue. Mon père est mort, ma mère est morte, ma sœur est morte. Je veux vivre en paix avec tous, les vivants et les morts.

RÉALISATION : PAO ÉDITIONS DU SEUIL
IMPRESSION : NORMANDIE ROTO IMPRESSION S.A. À LONRAI
DÉPÔT LÉGAL : JANVIER 2000. N° 38974 (992812)